植病科學行者的
人生機緣

The Lifelong Journey of A Plant Pathologist

黃鴻章
（Hung-Chang Huang）／著

五南圖書出版公司 印行

這是一本我從小牽牛吃草、割草餵牛，到成為專門研究「豆科牧草」（苜蓿）、「油料作物」（向日葵、油菜、紅花）、「豆類作物」（荥豆、豌豆、扁豆）和「甜菜」等植物病害的心路歷程。

獻給助我走出人生困境的貴人

－作者謹誌－

黃振文序

　　《植病科學行者的人生機緣》是黃鴻章教授的八十歲回憶錄。黃教授以超乎常人的記憶力，詳實撰述他於求學與工作期間的各種際遇。書中他感念父母、太太、師長及朋友等貴人給他溫暖的幫助，使他能在植物病理科學領域發揮自己的長才。黃教授於西元 1939 年出生於桃園機場附近一個貧苦家庭，他在孩童時，恭逢二次世界大戰結束，貧窮家庭的孩子想上小學、中學、甚至大學求學的機會幾乎是不可能，然而黃教授卻能在艱困環境中，一一突破逆境，順利取得加拿大多倫多大學博士學位，並任職於加拿大農業部，從事植物保護科技領域的系列研究工作，尤其在苜蓿黃萎病抗病育種、昆蟲傳播，以及油料和豆類等作物菌核病病原菌生物特性、生物防治及抗病育種等方面均有相當傑出的成就與貢獻；更難能可貴的是在他退休前夕，獲頒加拿大農業部「榮譽首席研究員」的肯定殊榮，真正實現他人生的座右銘：「你有多努力，人生就有多精彩」。

　　黃教授是中興大學植物病理系畢業的學長，我們兩位的相逢不是「偶然」，而是恩師孫守恭教授的「善緣」把我們鏈結成為亦師亦友的學術工作伙伴。黃教授也是我與我研究生們的貴人，在我擔任系主任及農資學院院長時，忙於行政業務，期間他數度回母系擔任客座講座教授，協助關照我實驗室的研究運作，造就我們的科研成果能有亮眼的表現。他把過往多位貴人給他的幫助與愛，毫無保留的傳遞給我的研究生們，例如謝廷芳、鍾文全、陳美杏、石信德、洪爭坊、何明清（越籍）及武藤真知子（日籍）等博士均在他的鼎力幫助下，迄今都已成為國內外政府機構與大學院校的重要幹部，服務人群。相信這股人生機緣的暖流，一

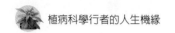

定會把植物病理科學的薪火持續傳承下去，直到永遠。

　　我們都是時空的過客，均會品嚐到人生的酸甜苦辣各種滋味，但最終總會成為我們甜美的回憶。黃教授把他多彩多姿的人生及成就詳實描述於這本書中，相信可作為年輕後學者的勵志榜樣，特為序以茲誌念。

黃振文

國立中興大學教授兼副校長

民生科技文教基金會董事

2021 年 8 月 26 日

林鎮山序

依據黃鴻章博士這卷《植病科學行者的人生機緣》：他是在 2006 年從加拿大規模最大的聯邦農業試驗所 Lethbridge，首席科學家（Chief scientist）／研究員的身分，台灣、日本、加拿大、中國各大學的講座教授／客座教授／兼任教授一職，退休多年之後，於 2019 年才起心動念，撰寫這本「回憶錄」。旨在將「80自述」，「獻給助我走出人生困境的貴人」！嚴格而論，我揣想，黃教授是在謙卑地鐫記「感恩歲月」之「似水年華」吧？！然而，我私自更加傾向、甚或寧可詮釋：這應是在「追憶農學英雄」的「台灣奇蹟」！或者，我們可以再更進一步，指出，書中母題，所顯現的「農學英雄」，應該指涉的是，複數的「農學英雄們」吧？

以我的專業「敘事解構」來分析，書中，一再出現的兩個最主要的母題，就是以綿密的「人、事、時、地、物」交織來追憶他的「感恩」之旅。首先，在我們共同的、從未泛黃、遺失的記憶裡，從小學、初中，到高中，究竟有多少同學因貧困的家境，一一跌落深淵、遭受無情趕入不升學一族？甚且在承受社會巨石般的千斤頂之重壓下，無法從石縫中，竄昇、「出頭」？更遑論許他們一個締造「台灣奇蹟」的未來？以是，我們不能從而無視、忘卻，那些一度是最出類拔萃的資優生／彼時伙伴，只是緣由於家中老小，食指浩繁，竟然必須應聲出列，掙扎在我們社會的底層！今日，我們僅能祈求我佛／吾主，賜給他／她們平安、健康、幸福！因此，苦讀細品，黃鴻章教授記述的「感恩歲月」，我們有幸邂逅他諸多的貴人，他／她們在不同的時間點，伸出溫暖的雙手，扶持他，一路認真、

奮鬥，讓他嚴守我們經典的：「自助、人助」之天條，黃博士方能終於「出頭」、建構了一個專屬於他自己的「台灣奇蹟」，我以為，這豈非正是我們應該亦步亦趨，承襲的典範？

　　黃鴻章教授所追憶的「似水年華」，從進入國立中興大學求學伊始，逐步走向坦途。我所斷定的另一個母題：複數的「農學英雄們」，指涉的是：黃博士，倍受先前建構「台灣奇蹟」的農學教授的薰陶、洗禮，諸如，羅清澤教授、孫守恭教授、陳大武教授。其後，又有多倫多大學的指導教授 Dr. Z. A. Patrick 的熱誠引領，又與志業相近的農學伙伴，諸如黃振文教授、周昌弘院士、謝廷芳博士、鍾文全博士、鄭國展博士、武藤眞知子博士結了一段長遠的善緣，而最終同行的研究團隊，更是含括了台灣、日本、加拿大知名的農學先知、植物病理學家。台灣、日本、加拿大的「精緻農業」一步步的開展、國際化、現代化，眞確是在他們攜手合作、向前行之下，築上了極其扎實的基礎。黃博士以「80 自述」，敦請諸多「貴人」與「農學英雄」入列，獻上他的懷想與「感恩」，毋寧是值得我們欽敬並推薦的。

Jenn-Shann Lin

Professor Emeritus

Department of East Asian Studies

University of Alberta

Edmonton, Alberta, Canada

August 28, 2021

作者序

　　2017 年，某一天凌晨三點，突然接到桃園農工（今北科附工）職校第十屆（1957 年）同班同學王年政先生的越洋電話，告知班上即將在中壢舉辦畢業六十周年同學會，當下便告訴他我人在加拿大不能回國共襄盛舉，並希望他寄幾張同學會的照片給我。從他寄來的照片中已看不到記憶裡許多同學的身影，便請他補寄一份出席名單。

　　從名單中發現幾位同學當天未克參加聚會，但有多位已仙逝，其中包括一位好友——呂煉煜。還記得 1967 年元月，在新竹參加我們班同學會時還和他合影，但同年九月我出國留學後就沒再連絡。

　　由於好友的離世在我心中造成很大的震撼，因此決定在有生之年寫下我一生成長、求學、工作過程中所遇到的貴人，藉此表達心中對他們的感激與懷念。

　　我的本業是研究植物病害，一生與植物和微生物為伍，尤其是由真菌和細菌引起的植物病害。透過無數次的觀察和深入的研究，我發現微生物除了不會說話外，它們的行為和求生方法與人類或其他動植物極為相似。它們不但知道怎樣尋找食物，如何適應惡劣環境，而且還知道如何確保其物種的延續。

　　所以我們研究有害或有益微生物，必須以謙遜的態度，細心觀察和反覆求證，千萬不可傲慢、偏見和自以為是，因為微生物的世界往往會給我們很多意想不到的意外和驚喜。

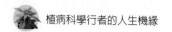

本書旨在和讀者分享我一生和微生物為伍的經驗和切身感受，有痛苦（agony），也有狂喜（ecstasy）。同時藉此書說明我身邊的貴人是怎麼樣扶持我走上這一條人生路。

黃鴻章

2021 年 5 月 22 日

於加拿大

目錄

一、

我的成長背景
（童年、青少年）

1. 出生背景

　　1939 年我出生於台灣北部的一個小村莊。家裡是一個大家庭，祖父母養育了六個兒子和六個女兒，我的父親是兄弟中排行老二，而我是家中的長孫。

　　我家世代務農，主要農作物是水稻。小時候，台灣仍處於日據時期，因為家住桃園機場附近，不時遭受到美軍飛機的轟炸，直到二次世界大戰結束（1945年）才停止。我只記得幼童時期，經常跟著曾祖父、祖父和父親，到離家不遠的簡易防空壕，躲避美軍飛機的空襲。

　　有一次空襲警報解除之後，整個村子裡的老人和小孩都趕緊到田野裡撿拾子彈殼用來賣錢。又有一天清晨，和叔叔們在家門前廣場看天空中的四架戰鬥機繞著機場飛行。過不久便聽大人說，有一架戰鬥機掉落在鄰居的水稻田裡。那時我不顧母親的阻止，跟著鄰居小孩跑去看。只見那架飛機的頭部斜插入稻田泥土中，然而飛行員已不在飛機上。

　　因為躲避空襲，家家戶戶的水稻田都廢耕荒蕪。父親、叔叔和我常常趁著美軍飛機空襲過後，去廢耕的水稻田，採集那些再生水稻所結出稀疏而細小的稻穗。一群人在一大片稻田中，卻只能採集到一小把米粒細小的稻穗。

　　由於家中人口眾多，每天都只能吃著米粒屈指可數的甘薯稀飯，時常上演孩子們爭先恐後在飯桶中尋找米粒，結果總是挨大人一頓痛罵的戲碼。這種極度貧窮的日子，直到 1945 年第二次世界大戰結束時，仍然未見改善。

2. 童年夢魘

　　由於我是家中的長孫，是孫子輩中唯一被允許能與祖父、父親和叔叔們在同一餐桌用餐的人。但是這種和大人同桌用餐的特權並沒有給我帶來任何好處，因為如果桌上有好吃的東西，總是要讓祖父先用，然後讓給父親和叔叔，最後輪到我時，桌上好吃的東西幾乎都被拿光了。

　　由於第二次世界大戰後農業勞動力嚴重缺乏，家中又只能在農忙期間才請一臨時長工來幫忙。因此，孩童時期常要幫忙做許多農田雜事，例如放牛吃草、割

草餵牛等。有時祖母還會叫我把家裡的鵝群趕往門前河邊草地吃草。有一次不小心，一隻小鵝被天上突然飛來的老鷹捉走，回家後遭到祖母一陣痛罵。

在我的記憶中印象最深刻的是，父親和叔叔要我去幫忙水稻田除草工作。在豔陽高照的炎熱天氣下，我小小的個子，跪在稻田裡，不但衣褲全溼，還要忍受著被一種不知名的「土蜂」咬，疼痛無比。另外，因為小孩的手掌比較小、動作又慢，我總是遠遠落在父親和叔叔們的後面。他們三個大人在前面還可以一面除草一面聊天，而我獨自一人只能對著水稻說話或雙眼看著水田中的倒影發呆！

當時總是感覺到為什麼水稻田會那麼大，永遠看不到盡頭？為什麼家裡煙囪還沒有炊煙，點心還不來？為什麼太陽永遠掛在高空，好像永遠不會移動，不會西沉？心裡有無限多的為什麼……

每年到了水稻收割期，好不容易從稻田裡採收到很多袋稻穀，但是沒多久就看到有人用牛車來把我們家穀倉裡的稻穀一袋一袋搬走，穀倉裡所剩無幾。我問父親為什麼他們把我們家剛收成的稻穀都拿走？父親說：「那是還去年積欠他們的債！」從那時起，儘管還在青少年時期，我已經開始意識到這種農家生活的悲哀，內心常思考著如何才能擺脫這種永無止境的貧窮折磨和煎熬。

我就讀小學期間，祖父經常要我於放學後，把我們家那頭水牛牽出去門前河邊草地吃草。有一次我看見河對岸的草地更青翠，因此想把牛牽去對岸那片草地吃草。那條河雖然不深，但是水流很急，因此我決定騎在牛背上過河。未料剛騎在牛背上準備過河時，有一位鄰居的牧牛童惡作劇用竹條抽打牛後退，使牛突然跳躍狂奔過河，而我卻從牛背上倒栽蔥跌落在溪邊草地上。這位同伴見狀得意地狂笑，而我卻看到右手肘骨明顯彎曲，但當時並不覺得痛。

一時恐慌，趕快跑回家向父母哭訴。媽媽見狀說我的右手骨已經斷掉，叫父親趕快背我去鄰村（海湖村）找接骨師父，看他能不能把斷掉的手骨接回去。我趴在父親背上，出發時右手開始覺得劇痛，一路哭著。父親加快腳步，走了很久才到接骨師父的家。接骨師父看看我的右手說：「骨頭已經斷掉。」他抓著我的右手掌用力拉一下，隨即推回去。然後把一些糊狀草藥覆蓋在受傷的部位，再用兩片夾板固定，一條紗布包裹。這次手傷害得我很久不能寫字。

又有一次和另一鄰居小孩去屋後水溝邊草地放牛。他家的水牛長得很壯、牛

角又寬又尖，長相很可怕。當天那位鄰居牧牛童站在自家牛隻前面只顧著玩。那頭牛嫌他擋路，就用牛角鉤住他的衣服，將他提起，整個人吊在牛頭上。只見那牛頭用力左右搖擺，接著牧童摔落在地上，差一點掉進水溝裡。當下場景，讓我一直害怕鄰居那頭牛，以後再也不敢和那小孩一起放牛。

記得那年秋天，當我還是桃園農校初中一年級時，有一天提早放學回家，因為肚子太餓，便走進廚房開始尋找食物當晚餐，剛好遇到祖父正在廚房忙著取廚餘餿水準備餵豬。他看到我就叫我趁著天黑之前，去稻田割些青草回來餵牛。

我走到家門前的水稻田，站在狹窄的田埂上，彎下腰開始割草。無意間發現，田埂上有一條被我割成兩段的小水蛇（無毒），只見下半身和尾巴在地上不停跳動，沒看到蛇頭。我乃迅速查看握在手中那一把青草，赫然發現那條蛇的頭和上半身夾在我手握的青草中。心裡害怕，隨即停止割草，把所有割下的青草撿起來，捆好帶回家。

後來想想，大概是秋季天氣轉涼，那一條水蛇開始藏在草叢地表裡過冬，才會被我無意中割成兩段。從那時起，我就害怕蛇，即使多年後，我還是常常在夢中夢見地上許許多多的蛇在蠕動爬行，我始終找不到可以落腳的地方。直到惡夢醒來，全身是冷汗！

3. 童年歡樂

小學時，我喜歡在放學後和同學去離學校不遠的竹圍海水浴場看人捕魚，有時正逢收網的時候，我也會加入人群中幫忙拖漁網。夕陽下，一伙人拖著漁網慢步走在長長的沙灘上，直到漁網脫離海水，覺得很刺激。看到網中那些蹦蹦跳跳的魚，大家都興高采烈。

可是媽媽怕海邊危險，不准我去那邊玩。記得小學四年級時，有一天下課後沒有直接回家，而是和幾位同學一起去竹圍海水浴場游泳，同伴都是漁家子弟，一個個都游到離岸邊很遠的地方，因為我不會游泳，只能獨自在岸邊戲水。那天回到家已經很晚，被媽媽痛罵一頓，之後就不敢再去海邊玩。

小學畢業後聽說當年帶我們去海水浴場游泳的鄭明義同學，一直以捕魚和賣

魚為生。我出國後第十年（1977 年）回台灣省親，父親從冰箱拿出兩條很大的白
鯧魚，他說是我那位姓鄭的小學同學知道我要回來，特地送來給家裡。我聽了感
動不已。

有一天，全家去竹圍海水浴場遊玩，回程中，特地請父親帶我順道去鄭明義
同學的家（在海口村）想當面向他致謝，可惜的是他不在家，未能碰面。

小時候，我最喜歡跟在祖母身後，聽她說天氣預報。每天早上當她看到我們
家那棟泥土房子的基石潮溼時，她就會提醒她的兒子那天去稻田工作時要記得攜
帶簑衣和斗笠，因為那天會下雨。

更神奇的是，她還會預測每個月裡，那幾天海水會退潮。她經常在海水退潮
時，帶我們去附近的海港採集附著在岩石上的生蠔。

記得有一年夏天，祖母帶著母親、三嬸和四嬸去竹圍漁港採生蠔。那天祖
父與我也和他們一起去。每人提著一個竹籃子，走了大約一個小時才到達漁港。
在晴朗的天空下，我們各自分散在港邊開始翻石頭、採生蠔，直到太陽西斜才回
家。

回家時，大家手裡都提著滿滿一籃的生蠔，只有我的籃裡少少幾粒，祖父的
籃子則是空空的。我們問祖父為什麼他在海邊那麼久，籃子裡還是空空的？他說
他把採來的每一粒生蠔，用海水洗一洗後，直接吃到肚子裡！

那時父母都教我們千萬不要吃任何沒煮過的東西，而我祖父卻吃生蠔，大家
都覺得很不可思議。多年後才知道祖父當年吃的那些現採的生蠔，才是最新鮮的
頂級「生魚片（Sashimi）」。

由於家中貧困，我的童年玩具永遠只有幾粒從海邊撿來的貝殼和在遊戲中從
同伴那裡贏來的彈珠和撲克牌，每次向媽媽討玩具總是敗興而歸。

記得小時候，我家前面的池塘邊長著一棵番石榴樹。由於它長得太靠近村民
通往農田的唯一道路，因此必須將樹砍掉。我請媽媽用那棵番石榴樹的樹幹做一
個玩具「陀螺」給我，但她沒有答應。那天正好是星期日，我的小叔叔碰巧從台
北回家（當時他還是師範大學的學生）。於是母親請求我的小叔叔用那棵番石榴
樹幹刻一粒陀螺給我。我看到叔叔什麼都沒說，只是逕自走進他的房間休息。

那時候起才知道要玩具就必須自己動手做，於是自己去門前小溪的河床挖黏土回來，並捏造各種黏土塑像，如農家牲畜、廟堂神像、神轎等。做好的塑像就一尊一尊擺放在門前庭院中晒太陽，結果大多數作品都龜裂破損，只有極少數可以完好成形。

有時候媽媽走過來看到這些作品還會批評一番，但是偶爾聽到她稱讚幾句，我就會興奮好幾天。

記得每年農曆春節，祖母、媽媽和嬸嬸們都要忙著做糯米年糕和在來米蘿蔔糕，我常趁機拿來雕塑成農家常見的牲畜。因怕祖母看到會罵我浪費食物，我都把這些小動物米糕放在媽媽房間的化妝檯上。

在風乾過程中很多小動物米糕都長出長長的毛（霉菌），但我捨不得丟，肚子餓時就趁媽媽做飯的時候，把一隻米做的小動物丟入稻草灰中烤熟再吃，味道還真香！現在去超市買的糕餅，很少像我童年自己做的小動物米糕那樣好吃。

1970 年代末期，我在加拿大農業部 Morden 農業試驗所服務，每天只專注於研究工作。當時訓練助理和學生做實驗都要求他們謹守科學原則，一點也不可以馬虎，為了紓解工作壓力，我重拾童年唯一的愛好，用泥巴或米粉塊捏造小動物。

那時我發現 Morden 小鎮附近的一個小村莊有人在教泥塑，我就前往報名。開課第一天，老師發給每人一塊陶土，要我們用手捏一隻兔子。三週後，我們把風乾的兔子放在桌上展示，再由老師一一講評。輪到檢視我的作品時，老師批評我的兔子耳朵和臉的大小不成比例。她不知道我就是喜歡做有點形似卻看起來四不像的泥塑（圖：1, 2），我只是想要用泥塑來紓解壓力和放鬆心情。於是我決定在家自學，不再去上課。

1981 年轉調到 Lethbridge 農業試驗所服務，研究工作更加忙碌，但是對於泥塑的喜愛反而更加狂熱。有好長一段時間，每逢週末都日夜為泥塑忙個不停。雖然大部分作品都像小學生的習作，但是有幾次我的泥塑作品竟被選去參加由艾伯塔省（Alberta）陶瓷協會（Alberta Old Man River Potters Guild）在 Lethbridge 舉辦的展覽（圖：1）。

通過陶土雕塑過程，我開始了解到想像力、創造力和毅力的重要性。想不到童年媽媽不經意地誇讚幾句，對我的泥塑興趣影響卻是那麼地深遠！

二、

我的求學生涯（1945-1963 年；小學至大學）

1. 回憶小學生活（1945-1951 年）

第二次世界大戰結束那年（1945），我是桃園縣大園鄉竹圍國民小學（圖3a）一年級生。那時候，大多數學生都來自貧窮的農村家庭。我們全班的同學中，除了校長的二兒子偶爾穿著球鞋來上學之外，其他同學每天都打著赤腳來學校（圖：5）。每逢下雨天，很多男生都會到操場的潮溼泥濘黃土地上比賽「滑溜」，看誰溜得最遠。有時候腳底還常被埋在地裡的碎玻璃片或碎瓦片劃破而流血。

就是那種生活環境，使我在小小年紀就知道要努力向學。只有努力求學，才可以得到鉛筆和橡皮擦等獎品，而不必自己用木片夾鉛條做簡單的鉛筆，或是用校園榕樹的樹汁製作橡皮擦。

記得小學三年級時的某一天風雨交加，同學們都特別高興不必去上學，但是我卻哭吵著要去上學，父親無奈地叫我們家的長工（阿春）背我去上學。我趴在阿春背上，父親幫我們蓋上一條可遮雨的麻布袋才出發。從家裡走到竹圍國小那幾十分鐘的路途上，只聽到阿春一路都在哭泣，到學校只見他衣褲全溼，滿臉都是水，分不出是雨水還是眼淚！

感謝阿春，使得小學三年級的黃清老師在我的通訊簿上註記「全勤」，而且每一科目都給我「甲上」。

記得在小學五年級時我當班長，最害怕每週一小時的體育課。因為體育課老師陳春來每次上課時，都要我們全班排成三行。由班長在前面帶領隊伍繞操場一周，他一面拍手一面喊「向左轉」或「向右轉」。每次老師喊「向右轉」，我都誤聽為「向左轉」，結果可以想像使全班亂成一團，這讓我非常尷尬。我回家向父母哭訴說不要當班長，想不到父親卻說：「大家都想當班長，為什麼你偏不要？」我聽了無言以對。

直到 2012 年在台灣農業試驗所擔任客座研究員時，前往日本東京農業大學參加研討會回來，第二天參與植病組組務會議，突然聽不到組長致詞的聲音，我去台中澄清醫院檢查，才發現右耳有先天性缺陷，那時才知道，原來我這一輩子都是靠左耳接收訊息過日子！

　　儘管如此，我小學還是全班第一名畢業，得到縣長獎，獎品是一本國語大辭典。多年後聽說我的小叔黃文生是我們村裡首位大學畢業生，而我是首位博士畢業生。我們倆人也於 1997 年竹圍國小建校七十週年紀念會上獲頒「竹圍國小傑出校友獎」（圖：113c）。

　　回想起來，我們黃家在鄉下雖然窮困，但子女都很爭氣，除了小叔和我之外，還有我弟弟黃鴻玉校長（南亞技術學院）和我堂叔黃金榜（國小校長）以及他的三位子女（醫生）也都於同年獲頒「竹圍國小傑出校友獎」，鄰里更傳為佳話。

　　2009 年 10 月 19 日我去中國醫藥大學演講，由生命科學院周昌弘院長主持。演講結束後，在他的辦公室喝茶聊天，他突然問我黃鴻玉校長是不是我的弟弟？我回答「是」，然後他補一句：「你們兄弟真行。」他的話令我感到欣慰。

　　我父母親識字不多，但是他們還是含辛茹苦養育我們兄弟三人（圖：137c）和妹妹五人（圖：137d）。除了大弟黃鴻玉曾經擔任校長和二弟黃鴻書擔任小學訓導主任和教務主任之外，三位媳婦也都是小學教員。記得四妹（黃碧桂）還在台北台灣塑膠公司上班時，她曾經寫一封信給我，信中提到隔壁的阿宗曾對她說他如果是出生在我們黃家該多好。她這段話使我內心至今還會感到一種莫名的悸動。

2. 在桃園初農和高農那些年（1951-1957 年）

　　就讀桃園農校初中部那三年（1951-1954 年），每天早上四點多起床去竹圍乘坐五點五十分早班車，抵達桃園剛好趕上八點的課。從家裡到竹圍要經過三座木橋，其中第一座橋左岸邊都是墳場，媽媽知道我害怕走夜路，因此她經常會站在馬路口，不停地搖幌著稻草火把送我，直到我過橋才向她大聲叫著「我已過第一座橋了」，才見那火把消失在黎明前的黑夜之中。

　　印象最深刻的是經常沒帶便當，直到末班車回到家時已是晚上九點，才吃到第一餐冷飯。記得初三下學期，每到中午時分，學校把蒸好的便當放在教室門口，下課鈴響大家就去拿自己的便當，在教室裡津津有味地吃了起來。我則餓得

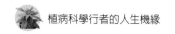

發慌，乃獨自離開教室到校園樹下休息。

這事給同班吳英揚同學察覺到，乃邀請我去他家與他同住。我想到每天通勤那麼辛苦，而且每個月底還要向祖父乞求新台幣三十元買汽車月票，遂答應去和吳同學同住。吳同學家境不錯，他的家人對我很好，每天和吳同學一起去上學，他的大嫂還會幫我準備便當。

過了一個月後，我要求爸媽向祖父開口讓我拿米去補貼他們，但一直沒得到回應。這樣白吃白住到第三個月時，我發現他媽媽經常來房間和我們聊天，我覺得有點不自在，乃告訴吳同學我想遷出，那時正好初農畢業。

後來那位同學考上台北商業高中，而我則考進桃園農校高中部，這位吳姓朋友是我一生中遇到的第一位貴人。

就讀桃園農校畜牧獸醫科高三（1956年）那年，小叔把我介紹給住在桃園民生路大檜溪附近的一位女士周阿里（圖：6c）。聽說她是我二姑丈周承深的親戚，所以我都叫她姑婆。她邀我去住她家和她的兒子（建國中學高一學生）做伴，並待我如親人供我吃住。

我前兩個月回家向祖父要白米，拿給阿里姑婆，但她都不收。不但如此，在那年的清明節，她還買一塊很長的白布，請裁縫師父來幫兒子和孫子們量身，每人製作一件短袖襯衫。未料她也讓裁縫師父給我做了一件，我內心感動不已。

記得那段期間我經常獨自去離住處不遠的大檜溪橋下看書，姑婆每次做好中飯就會走到橋上面對著橋下那一大片綠油油的稻田大聲呼叫我回家吃飯。每次在橋下聽到她的呼叫聲，內心都感到非常溫馨。高農畢業後參加聯考被分發到屏東農專就讀，每次寒暑假回來她都會叫兒子和孫子去桃園火車站接我。她那種慈顏善目和對我的關愛，讓我永生難忘。

出國後回台時和弟妹或自己去探望過她幾次，見面時她還是和往常一樣，問我們餓不餓，她要買點心給我們吃。這位姑婆是我能夠追求人生夢想的最關鍵人物，沒有她大力支持我怎麼能考上大學呢？

另外，小叔除了在我就讀桃園農校時把我介紹給周阿里姑婆外，他還在我出國時也幫了我一個大忙。

1967 年我在辦出國手續時要繳保證書，保證人必須擁有財產或身分地位高者。當年我找一位同學幫忙，他告訴我他父親是碾米廠老闆，可以替我做保人。經過了幾個星期，意外地這同學來告知他父親改變主意，因為有人告訴他做保人風險很大，很多人因為被受保人拖累，連財產都賠光。失望之餘，乃去台北台灣塑膠公司營業課找我小叔。他聽了我的說明後，告訴我翌日把保單拿去他辦公室給他簽，終於使我度過了一大難關。

我就讀桃園農校高中部畜牧獸醫科（1954-1957 年）時，有一位令我難忘的老師。

他是教我們「畜牧學」的焦龍華教授。每次上課只見他戴著深度近視眼鏡，拿著拐杖，從遠處慢慢走進教室。他講課時從來不用粉筆在黑板上寫字，也不發講義。

有一天上課他講到牧草種類時，提到苜蓿（Alfalfa）是最重要的豆科牧草，再過幾十年它會變成一種「灰姑娘作物（Cinderella crop）」。我對他這句話很感興趣，但心中一直懷疑他的預測是否憑空想像？

直到 1981 年 10 月，我調去加拿大農業部 Lethbridge 農業試驗所服務，從事「苜蓿黃萎病（Verticillium wilt of alfafa）」研究，我才發現「苜蓿」果然早已成為世界上最重要的豆科牧草，是名符其實的「灰姑娘牧草」。每年夏天在加拿大西部開車，馬路兩邊經常可以看到一望無際的苜蓿田和一卷卷剛收成的乾草，非常美麗壯觀（圖：55a, b）。每次看到這種景觀就會情不自禁地想起當年焦老師在課堂裡講的那句預言。

我至今相信他那句話全班同學一定沒有幾位聽懂，連我自己也是一知半解。可是不知為何焦老師當年那句預言，卻開啓了我對苜蓿病害研究的興趣，一生受用。

我在加拿大農業部 Lethbridge 農業試驗所服務二十五年期間，從事苜蓿萎凋病的研究工作，總共註冊了三個抗病、豐產的苜蓿品種，並發表了三十五篇與苜蓿有關的期刊論文。這些研究成果都是受焦龍華教授那句話的啓發和鼓舞所造成。

後來我進入屏東農專農藝科就讀（1957-1959 年），焦龍華老師也離開桃園農校到屏東農專擔任畜牧科主任。我們平時很少見面，只有在桃園農校校友會

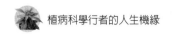

（圖：7c）時才能和他聊天談到一些桃農往事。

　　儘管焦龍華教授的視力很差，我也很佩服他超強的記憶力和英語能力。除了上課不帶講義外，連教授英語也憑藉他超強記憶力。

　　有一天，我經過焦老師所住的日式宿舍時，聽見有人在客廳裡念英語，仔細一看，發現客廳入口處有兩個人坐在小板凳上，一位是焦老師，另一位是我初農時的老師。只見那位老師在念英語，焦老師在旁靜靜地聽著，偶爾出口糾正那位老師的發音等。

　　多年後，突然收到好友戴子仙博士給我一篇文章。那篇文章是焦龍華教授的女兒寫她父親的故事，連續兩天刊登在《世界日報》（海外版）副刊上。讀完她那篇文章，內心即感慨又難過，尤其她描述焦老師當年在桃園農校教書時，眼睛已經幾乎全盲那些情景。她這段描述勾引起當年我在桃園農校教室裡看他拄著拐杖從遠處慢慢走來的情景。原來他在桃園農校和屏東農專的教書材料都憑藉記憶中的知識。

　　焦老師教過的學生無數，可是他怎麼會料到當年在課堂上講「苜蓿將會成為灰姑娘作物」那句話，對一位青少年的我，居然會產生如此深遠的影響！

3. 就讀屏東農專那兩年（1957-1959 年）

　　1957 年夏天，我剛從桃園農校畢業，有兩所國民小學邀我去當代課教員。那年我參加大專聯考被錄取分發到屏東農專。

　　三叔先來找我談去小學任教的事，他知道我希望去屏東農專就讀而不想去小學教書，於是他進一步去找我的叔公，請他勸我的祖父不要讓我去屏東農專就讀，理由是「為什麼馬上能夠教書賺錢而不去，還要去花三年的錢念書呢？」記得當時祖父私下找我談時，我向他說明我決定要念大學，而且念書期間不會要他出錢。

　　多年後我在中興大學任教，祖父已年邁，不再管家務了。有一個週末，我回到桃園老家，在下午要回台中之前我去向祖父道別，他急忙從床上下來和我一起走到老家前庭。他主動提起當年阻止我去上大學的事，只見他一邊講著，鬢邊卻

掛著淚珠。

我見此景象，遂匆匆結束對話趕回台中，那段對話使我當天晚上徹夜未眠。回想當年向祖父保證不會花用他的錢念大學，但是自己又身無分文，讓父母都不知如何是好。未料在開學前幾天，媽媽突然去舅舅家，隔天回來時竟拿出新台幣數百元要我馬上去屏東農專註冊上學。

在屏東，我和其他四位同學合租一間房子，每人一張竹床和一張小桌子。九月的屏東，白天相當炎熱，晚上卻變得很冷。我註完冊第二天立刻用新台幣一百元去訂購一床單人棉被，老板告訴我大約要三到四週才能完成取貨。我因晚上實在太冷而睡不著覺，每兩天就跑去看那師父在檳榔樹林中賣力地打造那床棉被，只好轉回租屋處再耐心等待。

室友徐茂麟不忍看我受凍，就把他的床墊（毛毯）借給我用，直到我拿到棉被後才把毛毯還給他。我內心非常感激，後來我們倆人都轉到中興大學（圖：9a），他就讀農教系，我則就讀植病系，成為一生的知交。

大學畢業後，徐茂麟去桃園農校教了幾年書，然後去美國留學，取得博士學位。他結婚後我們兩家都有密切往來。

回想起來，我的三叔試圖阻止我上大學可能純粹是擔心一個大家庭的開支巨大，希望我作為長孫也應該幫忙協助家中的經濟負擔。

記得在我念桃園農校有一段時間，因為每天清晨搭乘公共汽車去學校太辛苦，我決定和我叔公的次子黃金龍和三子黃金水一起住在桃園農校附近一間臨時搭建的簡陋小竹屋，裡面只有一張大竹床和一個木炭火爐。我們三人每天早上都忙著生木炭火，煮了一鍋飯，簡單吃兩口就匆忙趕去學校上課。

有一天，我的三叔因事來桃園，晚上來和我們一起住。他第二天早上醒來時，我們都已經去上學。他自己想找東西吃，結果他只找到一鍋米飯和一碗大蒜炒鹽巴，沒有任何配菜。失望之餘，他乃獨自去菜市場買了兩顆高麗菜，掛在我們房中的床柱上。回家後，他對我叔公和祖父說我們三個人在桃園三餐只吃白飯拌鹽！

那天我們三人放學回家發現兩顆大高麗菜掛在床柱上，心裡非常興奮，因為我們已經很久沒吃蔬菜了。由這件事可以看出我的三叔雖然對我們的管教嚴格，

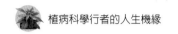

但他的內心還是關心我們，才會走到老遠的菜市場買那兩顆高麗菜給我們。

　　隔年因為我叔公的次子考上公費的台北師範學校，我們三人就不再住那一間小竹屋了。

　　在屏東農專念完一年後，我又開始煩惱著第二年的學費和生活費沒有著落，因此就想辦理休學。這事讓桃園農校高中部同班同學呂煉煜（圖：6b）（當時他是中興大學農經系的學生）知道，他家住南崁且曾在南崁初農教過書，他和該校校長很熟，乃帶我去見校長，經過簡短面談後他就給我一教職工作，要我一個禮拜後去該校擔任老師，教初農三年級的作物學。

　　取得教職後，我即快速向屏東農專辦理休學。這位呂同學又把我介紹給他住在農校附近的大哥和大嫂，請他們讓我住在他們家的一間空房，每天走路去上班頗為方便。他們夫婦倆非常仁慈，我每月拿到薪水要付給他們房租和飯錢，他們都堅持不收。

　　他們沒告訴我什麼原因，但是我猜想大概是呂同學告訴他兄嫂我需要存錢作學費。因此，呂同學和他大哥大嫂又幫了我一個大忙。然而，由 2017 年桃園農校同學會寄來的同學名單中才知道這位呂姓朋友早已仙逝，心中不勝唏噓。

　　又不知道誰把我休學的事告訴屏東農專的總教官，在我教書將屆滿一學期時，突然接到他寄來的一封信，告知校方決定把那一年的三民主義獎學金（新台幣一千元）頒發給我，要我立刻回校繼續上學。這些錢足夠我下半學期的生活費，乃決定去和南崁農校校長商量是否能中止聘約。他聽了我的解釋，不但欣然同意，而且鼓勵我繼續努力向學。

　　現在回想起來，呂煉煜同學和他的大哥大嫂以及南崁農校的老校長和屏東農專的總教官，都是我生命中遇到的貴人，他們對我的厚愛令我終身感念。

4. 就讀中興大學那些年（1959-1963 年）

　　我於 1959 年離開屏東農專進入中興大學植物病理系就讀，主要是想繼續深造，拿到專業學位可能比較有機會走出貧困的陰影。可是當年我早已答應祖父，

在念大學期間絕對不會用到他的錢。

為了解決經濟上的困境，我申請大學的工讀生，負責照顧一間教室的清潔工作。開學期間我必須於每天下午放學後把該教室打掃乾淨，將全部桌椅排列整齊，再把室內和走廊的地板灑水後才鎖門離開。工資是每個月新台幣一百五十元，剛好足夠一個月的飯票費。

另外，我找了一份家教，負責教兩位兄弟，一位就讀台中二中（高一），另一位就讀台中一中（初三）。因為自己是農校畢業的背景，對於英數理等課程並沒有把握，但是為了錢我還是硬著頭皮接受此一挑戰。我告訴自己從學生的教科書，可以學到很多新知識，例如提升我的英文能力。於是每次上課前，我都會拚命地預做準備。

記得上完第一個月的最後一課，我走到樓下客廳，剛好遇到學生的父母，在相互交談幾句後，學生的父親交給我兩包薪水袋，並告訴我他的兩個兒子都很滿意我的教學方法。這句話使我的信心大增，心中有一股被肯定的喜悅。

家教雖好，但是我深怕花那麼多時間準備，可能影響自己的功課，失去爭取獎學金的機會。在領過第八個月薪水後，我告訴老大想停止教他，只教老二，因為他要準備升高中，未料他向父母訴說一定要我繼續教他。一天清晨，有人來男生宿舍告訴我，宿舍門口停一部三輪車，裡面的人說要找我。出去一看原來是那位學生和他的媽媽，乘坐自家用三輪車來找我。他的媽媽懇求我繼續教她的大兒子，我無法推托只好答應。

再過了幾個月，老二畢業，成績很好，順利進入台中一中高中部，我的家教工作也因此到大學第二年暑假才結束。

進入大學四年級（1962 年秋）時，台中農業改良場請了一位來自美國的植物病理學者 Dr. Wallace，在該場指導水稻稻熱病（Rice blast）之研究。該病害是由真菌 *Pyricularia oryzae* 引起的。Dr. Wallace 用孢子採集器在水稻田裡採集了很多樣本，需要人每天用顯微鏡檢查每一樣本中的稻熱病孢子數目，然後再用孢子數目的增減來預測該病害的發生與流行。

當時改良場張昌達研究員知道我有這方面的經驗，乃介紹我去見該場病蟲害課何火樹課長。何課長給我一把實驗室鑰匙，並要求我每天早上五點去上班，直

到八點員工上班之前把門鎖好才離開。

當時，我們系裡的徐世典老師出國深造，他把一輛破舊的自行車留給我。每天凌晨四點左右，我騎著自行車由中興大學出發，到達農業改良場已近凌晨五點，用鑰匙開門進實驗室，開始把從稻田間採回的標本放在顯微鏡下一一檢查稻熱病孢子並記錄孢子數目，直到早上八點再匆匆趕回學校上課。

那段早起趕月亮的日子，雖然辛苦，但是它提升了我對真菌的興趣，也是我日後常用光學顯微鏡和電子顯微鏡來研究真菌病害的主要思想源泉。

那個年頭「植物病理」屬於大學聯考丙組，被一般人認為是一冷門學科。可是在台中農業改良場這一份短期工作，給了我不少津貼。這是我平生第一次受到「植物病理」專業的實惠，真正嚐到這門行業也能充饑的滋味。

因此從那時起，我對植病這一專業信心倍增，也使我開始認識到，只要是做自己喜歡的事，一定能夠開創出一片新的天地。

1962 年在台中農業改良場那一份短期工作又發生一小插曲。我 1967 年秋進加拿大多倫多大學研究所就讀，於 1968 年和指導教授 Dr. Z. A. Patrick 一同前往俄亥俄州立大學參加學術會議。巧的是，我居然在會議場裡和 Dr. Wallace 再度重逢，倆人相見甚歡。我們在喝咖啡聊天時，談到當年在台灣的一段趣事。

那是在 1962 年 6 月，有一天 Dr. Wallace 要我和他一起去台中近郊，調查田間水稻是否有稻熱病。我們倆人坐在吉普車的後座。突然間他看到馬路邊有一棵巨大的鳳凰木，上面開滿了鮮豔的紅色花朵。

他隨口問我：「你知道那棵樹的英文名字嗎？」

我回答說：「我不知道，但是我知道每年我們看到這種樹開花的時候，就是快要放暑假的時候，也是學生即將畢業要唱畢業歌〈青青校樹〉的季節」。

他對我這牛頭不對馬嘴的回答，感到滿頭霧水。出乎意料的是，他用異樣的眼光看著我說：「在美國，我們稱這種樹為『火焰樹（Flame tree）』」。

到今天我才知道「火焰樹」只是一個常用俗名，它的準確科學名稱應該是 *Delonix regia*，而通用英語名稱應該是 Poinciana 或 Phoenix Flower America（鳳凰花）。

當年和 Dr. Wallace 在汽車裡那段莫名其妙的「鳳凰木」對話，我已遺忘多

年。直到 2011 年 6 月，謝廷芳博士和他的太太蔣麗津開車帶我去台中市郊觀光。途中經過一個軍營，在營地的圍牆後面有一排高大的鳳凰木正在盛開，放眼看去只見滿樹都是火紅花朵，在湛藍天空下顯得非常耀眼。我請謝博士趕快在路邊停車，拍了幾張鳳凰木開花的照片，特地選其中一張，把它放大掛在客廳牆壁上（圖：115c）。

我真不明白爲什麼「鳳凰木」會給我造成如此深遠的影響。出國前在台灣那些年的歲月，每年看著鳳凰木跟隨著季節花開花落，內心就有一種淡淡的哀愁。

現在看到家裡牆上這幅鳳凰木盛開照片，就會有一種深沉的「思鄉情懷」和一種「歲月無情，物是人非」的感傷！這種感覺隨著年齡的增長越來越深。

我在大學四年期間，每年都能申請到獎學金，如中興大學成績優秀獎學金、台灣肥料公司獎學金、峰山獎學金、桃園縣政府及大園鄉公所獎學金等。

大學三年級（1962 年）那年的青年節，我還被校方推舉爲優秀青年，接受《中華日報》記者採訪，將內容和照片刊登在該報民國 51 年 3 月 29 日「第十九屆青年節特刊」中（圖：10b）。另外，在大學四年期間，我的收入如擔任工讀生、家教和獎學金等，足夠應付學費和生活費的開支，而不必向祖父要錢。

只是這些收入都在月底（如工讀生、家教）或年終（如獎學金）才能領到錢，然而房租、飯票等費用都要在月初付清。所幸受到同室好友王金池（圖：9b, c）幫忙，他家裡每月都提前寄給他生活費，他會先把錢借給我買飯票，等到月底我領到薪水再還他。

2008 年我接受國家科學委員會邀請，在農業試驗所擔任客座研究員，那時王金池已經從農友公司總經理職位退休，但還專程來霧峰看我，並邀我去農友公司給他們的員工上課。他的岳父陳文郁是台灣知名的西瓜育種專家，被譽爲「西瓜大王」，他們每年在西瓜盛產季節都舉辦「西瓜節」，我和太太 2008 年在台灣，雖然未能親自參加「西瓜節」，但是我們卻收到他們寄來的紀念品「西瓜帽」。我們很珍惜這兩頂西瓜帽，至今還捨不得戴呢！

三、

我的助教生涯
（1964-1967 年）

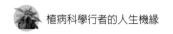

1. 擔任羅清澤教授的助教

我 1963 年自中興大學畢業（圖：10a），考上高考和特考而被分發到台北商品檢驗總局服務，但是在服一年的預備軍官役期間，突然收到中興大學植物病理系主任羅清澤教授（圖：8a）來信，邀請我回母校擔任助教。

於是我從預備軍官役退伍後沒有去台北商品檢驗總局報到，而於 1964 年秋前往中興大學報到，擔任植物病理系主任羅清澤教授的助教，負責帶植物病理學的實習課。

羅主任很注重科研工作，替系裡爭取到很多精良的研究設備，如電子顯微鏡（當時全台灣只有幾台）和全新的溫室等；但是他對員工管理特別嚴格，經常在系務會議中要求我們不但要努力教學，還要認真做研究。記得每年春節全校大部分科系的助教都回家渡長假，而羅主任卻規定我們系的助教和助理只能回家兩天。

還記得在一次系務會議裡，羅主任要求我們四位助教和助理取消「午休」，繼續做研究。那時正值盛夏，沒有「午休」時間，下午根本提不起精神工作，因此我們都提出反對意見。未料他卻說：「你們累了可以喝咖啡精提提神呀！」天啊！那時的咖啡是奢侈品，以我們每個月區區新台幣一千五百元的薪水，即使到處都是便利商店也喝不起咖啡呀！

因為羅主任注重科研，對我們的管教特別嚴格。

為了執行他的研究計劃，除我之外，他還請了多位研究助理幫忙。這些助理當中有一位是植物系畢業的女助理，好像是因為研究工作進行不太順利而悶悶不樂。有一天下午四點多我正在上課，羅主任把我叫出去，告訴我那位女助理悶悶不樂的事，並要求我好好安慰她。

我聽了這話無言以對，心想這位女助理的工作和我有什麼關係？我自己也有滿肚子委屈，誰來安慰我？下課後我回辦公室坐下來冷靜地想想，心想大概是羅主任器重我，要我替他分憂吧！

我們系裡四位助教都一面教書一面準備申請獎學金，以便出國深造。1965 年夏有一天我去系主任辦公室請他的祕書幫我打一封英文信，他誤以為我是請他的

祕書打英文推薦信，乃於次日請我去他的辦公室，問明是否在申請出國，並告訴我別忙著申請出國，好好地留下來做研究，將來可以像郭孟祥老師那樣（郭老師當年以公費在密西根州立大學深造），用國家公費送我出國深造。後來我們四位助教（簡榮和、黃政勝、溫光勇和我）都申請到獎學金出國留學。

2006 年底自加拿大農業部退休後，於 2008 年回中興大學擔任客座講座教授。在校長蕭介夫、農學院院長黃振文和系主任曾國欽主持頒發聘書典禮時（圖：113b），聽到台下有一位教授說我們當年那四位助教在系裡聲名卓著。聽到此評語，心中感到無比欣慰。俗話說「嚴師出高徒」，我們四位助教在中興大學受到肯定，在國外也都能安身立命。我們之所以有今天，應該是羅主任當年嚴格調教的結果吧？！

2. 擔任孫守恭教授的助教

1966 年羅清澤主任不幸逝世，改由孫守恭教授（圖：8b）擔任系主任和教植物病理課，因此我改當孫教授的助教，負責帶植物病理實習課和協助他的研究工作。

在擔任系主任之前，孫教授已經是一位著名的果樹病害專家，尤其是香蕉、梨、桃、蘋果等果樹病害。

孫教授也是台灣研究由「鐮孢真菌（*Fusarium* spp.）」所引起果樹、蔬菜病害的龍頭。他和得意門生黃振文教授共同出版數本「鐮孢真菌（*Fusarium* spp.）」專書。1972-1981 年，孫教授和 Dr. W. C. Snyder（美國加州大學柏克萊校區著名教授和鐮孢真菌病害專家）在台灣合作研究「台灣鐮孢菌引起之病害」，例如水稻徒長病〔Bakanae disease of rice，學名：*Fusarium monilifome*（無性世代）或 *Gibberella fujikuroi*（有性世代）〕。

Dr. Snyder 也捐贈植物病理期刊和專書等百餘冊給植物病理系圖書館。他 1981 年返回美國後病逝。我 1987 年回中興大學擔任客座教授時，發現植物病理系圖書館入口處有一尊 Dr. Snyder 的半身雕像，用以紀念他對台灣植物病理界的貢獻。

我擔任孫守恭教授的助教時，跟他學到不少果樹病害的知識。

記得 1966 年有一天，我在運動場看中興大學舉辦的校運，突然聽到廣播器在呼叫我，原來是孫老師要我馬上去梨山的福壽山農場從事一種由真菌 *Taphrina deformans* 所引起的桃縮葉病（Peach leaf curl disease）的藥劑防治試驗工作。他要我立刻趕下午最後一班公車去梨山。那是我第一次去福壽山農場，他吩咐我到達梨山後，先去找一位住在梨山車站附近的植病系友蓬錦江，請他指點去農場的詳細路徑。我從梨山出發時已近黃昏，摸黑走了一、兩個小時的山路才到達農場。

第二天我花了一整天，才完成試驗區的桃樹噴藥工作。任務完成後，我帶著疲憊的步伐，獨自走到附近松樹林，坐下休息，一面聽著松濤，一面想著：「為什麼孫老師會想要到這老遠深山（鬼地方）來做試驗？」以及「為什麼孫老師那麼急，非得要我立刻上山噴藥不可，再等一兩個月不行嗎？」

這兩個問題在第三天回台中的汽車上還一直環繞在我的腦海中。後來我才知道孫老師必須在深山做試驗，因為有些溫帶果樹必須種在冷涼的高山才會結果。他又告訴我防治桃縮葉病的主要關鍵是噴藥時間。要把藥劑噴在落葉後之休眠芽（Dormant buds）和枝條上，才有良好治療效果。如果等休眠芽長出新葉或有縮葉病斑出現再噴藥，時間已經太遲，治療效果就不好。

後來我發現他這一席話正好與參考書上所推薦的桃縮葉病的防治方法相符，使我更加佩服孫老師的淵博植物病理知識。孫老師之所以能成為著名的「果樹病害專家」真是其來有自！他一生都沒機會攻讀博士學位，但是他的淵博植物病理知識，現今有幾位博士能和他相比擬呢？

擔任助教期間，有一次孫守恭教授告訴我，他臨時要去台北開會，請我代他上一堂大學三年級的植物病理課。我匆忙找幾本參考書，選一個主題把那一個鐘頭應付過去。沒想到幾個月後，同學跑來告訴我，那一節課的內容碰巧是當年的高等考試題目。這件事無形中提高我們這幾位助教在植病系裡的聲望。

我擔任孫守恭教授的助教僅僅一年就出國進修，但是他對我仍然愛護有加。

1972 年我取得多倫多大學博士學位，孫教授來美國開會，要我去和他見面，並邀請我回母校任教。我那時因接到多倫多大學聘書，擔任講師（非永久職）才

數月，不便答應回中興大學任教。

1986 年夏，孫教授再度來美國開會，因爲對我發表的幾篇用重寄生菌 *Coniothyrium minitans* 來防治作物菌核病（Sclerotinia diseases）論文深感興趣，決定於會後專程從美國來加拿大農業部 Lethbridge 農業試驗所訪問（圖：11e, 46c）。當時日本一位研究菌核病的學者 Dr. Izumi Saito（齊藤 泉）（圖：46b, c）正好來試驗所訪問。我就帶他們兩位去試驗田，實際考察用重寄生菌防治向日葵萎凋病（Sclerotinia wilt of sunflower）的效果。他們在田間仔細察看，留下了深刻的印象，中午在我家後院聊天時（圖：46c），話題還是圍繞在他們早上看到的向日葵田間試驗。

1987 年我獲得日本政府科技廳頒發獎金（Japanese Government Award for Foreign Specialists）前往日本訪問五十天。有一天我在北海道北見農業試驗所實驗室突然接到中興大學植物病理系主任（陳脈紀教授）（圖：8d）的電話，告知孫守恭教授已獲得國科會計畫的核准，希望邀請我於訪日結束後前往他的實驗室擔任客座教授。

我隨即申請加拿大政府和日本政府核准於 1987 年 8 月 19 日由日本前往台灣，與孫教授合作研究「土壤添加物（S-H Mixture）對病原眞菌和生物防治菌之影響」。那段期間孫老師請馬慧英（計畫研究助理）、陳金枝（大三學生助理）和陳志弘（計畫研究助理）全力協助我。在計畫結束前幾星期，他們幾位助手爲了舉辦一場觀摩會，忙個不停，連週末都不休假。

記得一個星期天黃昏，孫老師突然來學校，看到大家正忙著準備「計畫結束成果觀摩會」的報表（圖：11b），一語不發，隨即轉身離去。過了不久卻見他手裡提著兩大袋水果（香蕉、木瓜）回來，他把水果放在教室桌上，然後又默默地離開。後來我問他去哪裡買那些水果？他說乘公車去台中第三市場買的，我聽了既感激又窩心！

在中興大學當助教時有幾件新鮮事值得一提。其中一件是我們三位助教（丁東海、溫光勇和我）帶女友去台中附近大坑山區郊遊（圖：17a, b）。

那時我帶大學三年級的植物病理實習課中一位周菊芳同學，人長得清秀，功課也很好。我發現同班好友丁東海助教有意追求這位周同學（現爲丁太太），我

就和另一位助教溫光勇商量利用週末去郊遊，替丁東海製造追他女友的機會。於是我們六人選定一個星期假日，一起到台中市附近的大坑山區郊遊烤肉。那時我和我的女友林素道以及溫光勇和他的學生都騎腳踏車，只有丁東海騎著摩托車載他女友，顯得特別拉風。

我們到達大坑，就在吊橋附近一棵大樹下開始撿材生火烤肉，大家圍著吃烤肉，其樂融融（圖：17a）。又大坑山區盛產枇杷，我們經常去那裡採集枇杷病害標本作為教學材料，因此認識該地村長的兒子。他看到我們在烤肉，走過來和我們聊天，隨後帶我們去他的枇杷園參觀和品嚐成熟的枇杷，甜而多汁。他還告訴我們附近風景不錯，應該去走走。

我們先去吊橋，站在橋上看見橋下河水清澈，水裡有很多大小不同的魚在水中游來游去。我們三位助教突發奇想，決定應用當年修陳脈紀教授「農藥學」的農藥知識，用毒魚藤來毒魚。於是我們派一人騎摩托車回台中買一些毒魚藤，開始在河裡毒魚。整個下午，我們一面玩水一面捉魚，直到夕陽西下，才盡興而回，到台中已經是萬家燈火。

料想不到的是第二天回系上班時，突然有人來找，說我們在大坑用毒魚藤毒魚，結果有毒的溪水流進他們的池塘把魚也全都毒死了。我們三位助教也只好自認倒霉，賠錢消災了事。

也因為這件毒魚賠錢的事，使我日後對「植物病害化學防治」方面的研究一直沒有興趣涉及。我在加拿大農業部服務期間正值化學農藥發展應用的興盛時期，有很多農藥公司要提供資金委託我做研究，但是都一一被我謝絕。

另外那次去大坑郊遊烤肉和捉魚也給我的女友林素道帶來不少麻煩。雖然我們當天晚上帶著半桶魚（鰻魚、鯽魚等）回去孝敬她的父母，但是他們因為我們晚歸而不高興。第二天女友告訴我，因為我們去郊遊沒按時回家，害她挨罵，結果那天晚上她沒吃晚飯就去睡覺。這件事使我內心一直深感內疚。

2008 年回台灣農業試所擔任客座研究員時，特地請謝廷芳開車帶我和太太林素道去看我們當年在台中大坑烤肉的地方，可是繞了半天還是找不到我們記憶中那一座吊橋和那一棵大樹，只看到一群小孩在河裡戲水。我們只好失望而回，倆人在車裡都沉默不語，內心有一股莫名的感傷！

當助教時的另一件新鮮事是在一個炎熱的夏天，我們系裡另一位助教黃政勝（圖：13a）、一位我大學同班的朋友蔡泰山（當時任研究助理）（圖：9c）和我，突發奇想決定週末去台中縣新社鄉打獵。

我們三個人帶了獵槍、帳篷、手電筒和簡單炊具，自台中出發。汽車抵達新社已是黃昏時刻，我們走到郊外選一晒穀場開始搭帳篷露營。天黑時覺得肚子餓，我們就出發到附近打獵覓食。

蔡泰山拿著獵槍走在前面，黃政勝和我拿著手電筒跟隨在後，往附近墳場前進。走到墳場開始尋找草叢中的野兔。在一隻手電筒的微光下，只見到處都是墳坑和墳墓很恐怖。我們找了很久，連野兔的影子都沒看到，空手走回晒穀場上的帳篷裡休息。三個人在帳篷中挨餓，深深後悔為什麼沒有從台中帶些乾糧。

我們因為飢餓難耐，乃沿著馬路走到附近村莊一家小餐館，已經關門。我們還是敲門，結果房東開門，告訴我們他們已結束當天營業，拒絕為我們服務。我們很失望，隨即轉身回到我們的帳篷繼續忍受飢餓。

所幸吉人自有天相，入睡前突然聽到帳篷外有聲音，原來是黃政勝的女友林碧玉突然從卓蘭來訪。她還帶來很多食物和水果給我們享用，解救了我們的困境。

第二天我們移地前往台中縣和平鄉山區打獵，這次黃政勝有女友隨行。蔡泰山拿著獵槍和我走在前面，努力尋找路邊叢林的野鳥和野獸。只見黃政勝和他女友遠遠落在後面，手中拿著電晶體收音機，一面聽音樂一面在談情說愛。

我們在深山走了幾個小時，突然發現路旁竹叢底下有一隻母竹雞帶著一群小竹雞在覓食。蔡兄立刻舉起手上那支散彈長槍，對著那群竹雞開槍，結果射中數隻。我們就停在山路邊撿材升火烤竹雞。那時只見林碧玉一直把烤好的竹雞肉往她的男友黃政勝嘴裡塞，令人又羨慕又嫉妒。我們說，下次打獵不准黃兄帶女友同行，可是大家分散那麼多年，還在等著那下一次的打獵呢！

巧的是 2001 年 11 月黃政勝和我同時應邀回台灣參加在中興大學召開的「新世紀植物病害生物防治國際研討會」（圖：13a, b）。相隔三十多年我們終於再次相會，但這次黃政勝和林碧玉是一對夫妻而不是當年的男女朋友了。

我們兩對夫妻一起參加研討會舉辦的旅遊，參觀位於台中霧峰的「台灣菇類文化館（Taiwan Mushroom Museum）」（圖：13c），以及各地風景名勝如南投

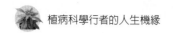

惠蓀林場（圖：14b, c）、日月潭、九族文化村等。此外，我們又住在同一家旅館，好幾次深夜在樓下咖啡廳相遇，聊天中，談到當年去和平鄉山區打獵的點點滴滴，大家都開懷大笑。無論是巧合或者是因緣，這次再相會使我們更懷念過往那一段青春歲月，年輕真好！

3. 黃振文教授與我

孫守恭教授退休後又把我介紹給他的得意門生黃振文教授，和他合作進行土壤傳播病害研究。我第一次和黃教授相遇是在 1977 年，那時他還是孫教授的碩士研究生。孫教授要我看看他的碩士論文並提供意見，我只告訴他論文內容很充實，我沒有什麼意見。

1987 年我在中興大學擔任客座教授時，他已經是植物病理系講師，用公費前往美國喬治亞大學進修博士學位。回國後他繼續在中興大學任教，由於教學認真、研究表現優異，很順利地升到正教授（Full Professor）。又黃振文的行政能力很強，曾擔任中興大學植物病理系系主任（圖：14a）、農學院院長，並於 2016 年應聘為該大學副校長迄今。

黃振文教授自從研究生開始就和孫老師合作研究土壤傳播病害，尤其在鐮孢菌（*Fusarium* spp.）的分類以及由該病原菌所引起的作物病害之防治等領域。

除共同發表論文、合著專書外，他們還用農產廢棄物研發出一種土壤添加物「S-H 孫黃土壤添加物」（圖：11a, c），用以防治土傳病害。該產品是台灣第一個以非農藥防治植物病害的開端。他們師徒倆於 1991 年把「S-H 孫黃土壤添加物」的專利賣給台灣的「安農公司」，得款新台幣一百萬元，並用這筆錢成立「植物病理文教基金會」，幫助學習植物病理的清寒學生。後來他們把「植物病理文教基金會」改名為「民生科技文教基金會」，至今仍在運作。

我在加拿大農業部服務期間，曾經四度回中興大學擔任客座教授。第一次（1987 年）在孫守恭教授實驗室，而第二次（1992 年）、第三次（1997 年）和第四次（2003 年）都在黃振文教授實驗室。1998 年我受聘為中興大學兼任教授

（Adjunct Professor），並和黃振文教授共同指導鍾文全的博士論文。在這段期間我和黃振文教授以及他的學生共同發表了十七篇論文和獲得一項專利「防治作物土媒病害的生物性燻蒸粒劑、製法與應用」。

值得一提的是鍾文全和陳美杏（鍾太太）（圖：15a）都是黃振文教授的高徒。

鍾文全因爲研究表現出色而獲得教育部公費出國從事博士後（Postdoctoral Fellow）研究，而陳美杏則考上教育部公費留學考試，可以出國攻讀博士學位。那年我正好在中興大學擔任客座教授，他們要我提供有關申請國外大學的一些訊息，因爲陳美杏要攻讀學位需要先獲得大學的入學許可，而鍾文全只要獲得指導教授同意即可至該校做博士後研究，在陳美杏申請的三所大學中僅有康乃爾大學接受她的入學申請。

剛好我和康乃爾大學 Dr. Eric Nelson 熟識，曾經三度同時受邀參加在日本、美國和加拿大舉行的學術研討會，對他的研究領域和專長知之甚詳，於是我就寫一封信給 Dr. Nelson 並把鍾文全推薦給他。不久即接到他的回信告知樂意接受鍾文全爲博士後研究生。

至於陳美杏，因爲她已在台灣農業試驗所從事菇類研究多年，我原本建議她去賓夕法尼亞大學攻讀博士，因爲該校的菇類栽培和育種研究頗負盛名。未料陳美杏告訴我賓州大學並未認可台灣的碩士學位，要求她先進入大學部念學士課程，因爲她的學歷中沒有學士學位。我乃以介紹人身分寫信向賓州大學說明陳美杏在師專畢業後，即進黃振文教授實驗室，因爲成績優秀所以用專科同等學力直接攻讀碩士學位。

賓州大學很快回信告知陳美杏必須先取得學士學位才可以進研究所，於是我再寫信給 Dr. Nelson 要求他也考慮接受陳美杏爲博士生。Dr. Nelson 很快回信告知他樂意接受鍾文全和陳美杏兩位去他的實驗室進修。他們去康乃爾大學後，雖然陳美杏進入 Dr. Nelson 實驗室當博士生（圖：15b），而鍾文全進入 Dr. Kwang-won 實驗室當博士後研究員，但是他們夫婦倆人可以在同一所大學進修而不必分隔兩地，也是一個很圓滿的結局。

後來鍾文全順利完成博士後研究，重回台灣種苗改良繁殖場服務，此期間我也繼續指導他的研究，並共同發表六篇論文刊登於國際期刊。鍾文全現已升任爲

種苗改良繁殖場副場長，而陳美杏也順利獲得博士學位返回農業試驗所繼續從事菇類研究。他們兩人的研究工作都很順利。

　　黃振文教授和我除了合作研究、發表科學論文之外，我們還用中文寫推廣農業新知的文章。

　　1997 年我在中興大學擔任客座教授期間，我們一同前往花蓮改良場開會，在回程火車上一面欣賞東台灣的海岸風景，一面閒聊。談話間我提到為了記錄研究新發現，我收集很多彩色照片，但是很少派上用場，因為當年大多數科學雜誌規定論文中用黑白照片免費，但是用彩色照片必須作者付費。如果能用我收集的彩色照片來說故事，一定能引起農民和普羅大眾的興趣。

　　黃振文教授說台灣有一頗富盛名的雜誌《農業世界》，他們的編輯對這方面的文章一定會有興趣。我建議用兩人收集的彩色照片來寫文章說故事，但是我不會用中文打字。他說我可以把手寫稿寄給他，再由他的助理陳志弘幫忙打字。

　　在中興大學客座教授任期結束後，回加拿大每天晚上都在忙著寫稿，再將初稿和照片寄給黃振文教授。他把初稿交給助理打字，修改文句，然後寄回給我再修改。這樣來回修訂幾次，確認可讀性後再把定稿寄給《農業世界》雜誌社刊登。

　　我們大約每個月寫一篇，總共寫了十二篇，這些文章刊登後頗獲好評。2005年行政院農委會動植物防疫檢疫局認為這十二篇文章很有價值，同意出資把這些文章集結成書，取名為《植物病害之診斷與防治策略》（圖：12b）。該書請恩師孫守恭教授寫序言，並在作者簡介中附加黃振文和我的照片（圖：12e），該照片攝於 1997 年我們兩人和學生前往摩天嶺考察「中興一百」（植物健素，即 S-H Mixture、甘藍下位葉及營養液混合發酵的商品名）促進甜柿生產之效果。

　　由於大眾對這本書的需求增加，我們邀請謝廷芳博士（時任農業試驗所花卉研究中心主任）參與，將本書擴編為二十章，並把書名改為《永續農業之植物病害管理》。該書於 2008 年再由行政院農委會動植物防疫檢疫局出資，由中興大學出版。在作者簡介中，我們把作者照片改為黃振文、謝廷芳和我三人在參觀農業試驗所花卉中心的蘭花育種溫室所拍攝的照片（圖：12f）。

　　這本書於 2013 年再由農世股份有限公司發行第 3 版（圖：12c），然後於2017 年再將版權轉移給五南圖書出版股份有限公司重新出版（圖：12d）。這本

書從書寫到出版的過程把黃振文、謝廷芳和我的關係越拉越近。我們三人因科研興趣相同而結緣，可謂「臭味相投」！每次看到這些照片，往日同遊的足跡又一一浮現。

4. 陳大武教授和我的姻緣路

在中興大學求學（1959-1963）和擔任助教（1964-1967）期間，還有一位深深影響著我未來的老師——陳大武教授（圖：8c）。

他教我們真菌學，是我對研究植物真菌病害的啓蒙老師。又我在大學第四年（1963）時，陳大武教授請林素道小姐來他的實驗室當研究助理，使我和她有機會由相遇、相識、相知（圖：16-18）到 1967 年結爲夫妻（圖：19a）。

我在出國前一個月結婚，由陳大武老師當證婚人，師母黃紫瑛女士當介紹人。陳老師在拍團體照時，見我只穿白襯衫結領帶，就問我去照相館拍結婚照時要穿什麼，我說和現在一樣。他說這樣不好，並告訴我他即將去越南出差，在台中「億新西服行」訂製了一套西裝，要我去拿來拍結婚照。陳老師把特別訂製的新西裝借給我拍結婚照（圖：19a），令我非常感動。

又在中興大學服務時，我雖然不是他的助教，但是他對我還是愛護有加。有一年他突然從日本寄一件包裹給我，裡面是一精裝本植物真菌病害的參考書。當年很少人買得起原裝書，他送的這一本書隨著我走遍天涯，直到我退休。

1967 年 9 月我前往加拿大多倫多大學就讀。1968 年 12 月我的太太林素道來加拿大團聚（圖：21）。因爲我在台灣婚宴過於簡單（只在台中新醉月餐廳請兩桌客人），好友戴子仙夫婦提議在他們的公寓幫我們舉辦一家庭式婚宴，補請幾位在多倫多大學就讀的朋友。

我們邀請六位客人，包括孔憲鐸夫婦、尹世澤夫婦、劉宗華和鄭稔雄，加上我和戴家共十人。孔太太 Helen 把她從台灣帶來那套美麗白色婚紗禮服借給我太太穿（圖：19c）。那個晚上大家都忙個不停，孔憲鐸當主婚人，尹世澤太太 Judy 當伴娘，整個過程很像小時候辦家家酒那種遊戲。

戴子仙太太林津香準備了一桌豐盛佳餚和一個大蛋糕。她還特別按照台灣民間辦喜事的習俗，把自己搓的湯圓染成紅色以誌喜慶。行禮如儀後，大家開始享受這一頓美食（圖：19b）。整個晚上談笑間話題都離不開結婚那一檔子事。

晚宴結束回家途中，我和太太聊天時提到我們的結婚紀念照片，我穿的西裝是從陳大武老師那裡借來的，而她穿的婚紗禮服是從照相館租來的（1967 年在台灣）或從朋友那裡借來的（1968 年在多倫多），兩人除了相對苦笑之外，一路默默無語。

我想每個女人結婚時都會希望有一套她自己的婚紗，而我們卻是辦著這樣既簡單又潦草的婚禮，成為我這一輩子內心永遠說不出口的痛。

我太太出身於一個家世很好的環境，可是她不但沒有為這件事對我抱怨過，而且還願意選擇我，和我終身相守。大概是她認為只要倆人感情好、相濡以沫，其他的都不重要了。這麼美滿的姻緣，如果不是我前世修來的福氣，會是什麼？

四、

出國念書的日子
（1967-1972 年；加拿大
多倫多大學）

1966 年初我在閱讀國外的論文中，發現對加拿大多倫多大學植物系植物病理組主任 Dr. Z. A. (Pat) Patrick 所發表的論文深感興趣，於是寄了一封信給他，說明有意去多倫多大學攻讀學位，信中並附上一份大學成績單和一張大學四年全班第一名證明書。

未料過了幾星期，我收到他寄來一封航空信，打開一看發現他竟然說看完我那份成績單和證明書後，決定收我為碩士研究生，而且要給我每年加幣三千五百元的全額獎學金，並希望我九月中去多倫多大學註冊。信中他又提及他已告知校方研究所要他們立刻寄入學申請表給我。

我讀完信雙手不停發抖，心想他一定是在吹牛，因為我根本沒按學校規定的申請手續辦理。後來我寫信向多倫多大學研究所打聽，他們很快就回信告知已接到 Dr. Patrick 的通知，並要求我盡快寄回入學申請表和 TOEFL 考試成績證明書。沒多久時間就收到研究所寄來的入學許可，給我用來辦理出國手續。

但這件事我不知要怎麼樣向羅主任報告？正在愁苦中，主任卻因去台北發生意外而突然過逝，我和另一助教被派去照顧主任在台中的宿舍。這件事過後離大學開學只剩下兩個多月，體格檢查和辦理出國手續的時間都不夠。於是我寫了一封信給 Dr. Patrick 向他說明今年因故無法成行，並問他是否能把我的獎學金保留一年。

數週後收到他的回信，內容僅短短數行，告知他答應將我的獎學金保留一年。1967 年春天我再寫一封信給 Dr. Patrick，問他去年答應為我保留的獎學金是否仍然有效？他很快地回信告訴我獎學金仍保留著，希望我盡快辦理手續於九月中到多倫多大學報到。

辦好出國手續後，我乘坐留學生包機於 1967 年 9 月 15 日抵達多倫多。辦完入境手續已接近翌日清晨兩點，同飛機的留學生們都決定在機場過夜，等天亮再說。我本想和大家留在機場過夜，但是有一位在當預備軍官時認識的朋友，剛好他在多倫多的大哥開車來機場接他，並邀我和他們一同進城。

進入市區後他的哥哥問我要去哪裡？我告訴他想暫住在一位朋友戴子仙的租屋處（圖：23a, b）並給他街名和號碼。他找到該地址，幫我把兩件大行李放在門口，隨即離開。因為已經是深夜，我敲了很久的門才有一位老人來開門，他問

我要找誰？我說要找姓戴的朋友，他回應我一句 Tony（戴子仙的英文名字）出差不在，隨即把門關上。我只好失望地坐在他家門口，守著身邊兩件大皮箱外宿一夜。

九月的多倫多晚上天氣已很冷，但是對面還有幾家白人和黑人在屋外聽音樂、吃消夜。我那時深怕他們過來把我僅有的兩件大行李拿走，因此整夜未眠。

次日清晨，突然見到隔壁一位東方面孔的老人，在家門前打掃人行道上的落葉。我急忙上前和他打招呼，聊天時知道他姓伍，已從餐館退休，把事業交給他兒子和媳婦經營。正當他朝著我那兩件大行李看時，我便隨口告訴他整夜守在門口的原委。他接著說：「你一夜沒睡一定很累很餓吧！我去做一點東西給你吃。」隨後他帶我去他住的地下室，給我倒了一杯牛奶和做了一份三明治，吃過後他又拿了一條大毛巾叫我去淋浴。

不但如此，他還拿出一床毯子，帶我去附近一間空房休息，一覺醒來已是黃昏了。我把毯子拿去還給他，向他道謝並把我皮箱裡僅有的五罐茶葉全部送給他。出國這麼多年，至今還沒有吃過像這位退休廚師伍先生所做那麼好吃的三明治呢！

多倫多大學是加拿大最大的一所大學，校區在市中心，有古老建築和現代建築，校園環境也很優美（圖：20, 22）。1967 年 9 月到校辦完入學手續後，我去 Dr. Patrick 辦公室和他見面。他知道我學費已全免，但還是問我一句是否需用錢，我回答「是」。他立刻從抽屜裡拿出一張薪水請領單，簽完名並在上面寫一句「黃先生急需用錢，請盡快把薪資撥給他」（圖：26）。

每一次看到那張薪水請領單上面寫的那一行字，心中總有一種說不出的感動，明知校方不可能為我開例更改每月發薪水時間，他為什麼還要這麼做？

另外，Dr. Patrick 還報請植物系主任核准，讓我兼任助教（Demonstrator）幫助他的植物病理學實習課，每年薪資兩學期共加幣一千四百元。我跟他說剛來加拿大語言表達還有問題，怎麼能指導這些大四和研究生呢？他說：「沒關係，上實習課時，我會在現場幫助你。」有了這筆收入，我不但很快就把借來的機票費還清，而且每年還可寄美金一千元（台幣四萬元）回去幫助弟妹們繳學費。

又多倫多大學設有一獎學金「Elizabeth Ann Wintercorbyn Award」，指定每

年頒給一名植物系優秀研究生。1972 年某一天清晨，我在走廊遇到系裡一位教我「植物病毒學」的教授 Dr. G. B. Orlob。他對著我說：「我想你知道怎麼花那筆錢？」我對他突如其來的問題感到困惑不解，立刻回問他一句：「什麼錢？」他尷尬地再補一句：「你的指導教授 Dr. Patrick 沒有告訴你嗎？」說完就匆匆離開。原來是 Dr. Patrick 於前天系務會議上幫我爭取到這項獎學金。因此，我就去 Dr. Patrick 的辦公室當面向他致謝，但他的回應只是笑笑沒說什麼。

Dr. Patrick 除了關心我的經濟狀況外，他還關心我的生活。

例如 1968 年 12 月，我太太從台灣來加拿大團聚（圖：21）。那天下午，我正好要帶「植物病理實習」課，心裡打算等上完課再趕去多倫多機場接她，所以沒有事先把這消息告訴 Dr. Patrick。可是當天早上，我和 Dr. Patrick 的助理討論準備下午實習課要用的材料時，順便告訴她我下午上完實習課要立刻趕去機場接我太太，下課後請她幫忙我把實驗室裡的所有顯微鏡放回櫃中，並把桌上的實驗材料收拾乾淨。

大概是這位助理事先把這消息告訴 Dr. Patrick，下午開始上課不久，他看我忙著和一位學生討論時，隨即走過來對著我說：「Henry（我的英文名字），你怎麼還在這裡？趕快去機場接你太太，這裡由我來主持就可以。」說完他還特別對著全班同學宣布：「Henry 的太太今天下午會來到多倫多。」大家聽了隨即全堂起哄、歡呼、拍手，好像在舉辦一場狂歡派對。

在安大略（Ontario）省的尼亞加拉半島（Niagara Peninsula）是該省主要水果產區，盛產水蜜桃、櫻桃、蘋果、梨、杏和葡萄等。那裡的 Vineland 地區有一省政府的園藝試驗所（Vineland Horticulture Research Institute）。該所提供一間辦公室和實驗室給 Dr. Patrick 專用。每年放暑假他會帶我和其他研究生去校外實習，大多是去 Vineland 的果園，有時去其他地區調查與學生論文題目相關的作物病害（圖：27a）。

我們常常還可以藉著在果園採集標本的機會，品嚐到各種當季新鮮水果（圖：27b）。另外，試驗所的果園中有一小屋，用來存放試驗後採收的水果。當水蜜桃成熟季節，Dr. Patrick 幾乎每星期五都會去拿一把鑰匙開門拿水蜜桃，分

給我們每人一籃，自己留一籃，然後開車帶我們回多倫多渡週末。太太和我都非常享受那些水蜜桃，顆粒大、皮薄、甜而多汁。因此每次都盼望著星期五趕快到來。

2006 年自農業部退休後搬來加拿大西部英屬哥倫比亞（British Columbia）省定居。該省的 Okanagan Valley 一帶盛產多種水果，如蘋果、梨、水蜜桃、櫻桃、杏子、李子等。每次吃到 Okanagan Valley 所產的水蜜桃，我覺得味道還不錯，但是我太太總是說味道不如 Ontario 省 Vineland 地區的水蜜桃。大概是窮留學生時期，吃的東西都比較香的緣故吧？

除水果外，安大略省的尼亞加拉半島（Niagara Peninsula）也是葡萄的主要產區。為了增長我們對葡萄病害的知識，Dr. Patrick 特地帶我們去 Vineland 附近一處省政府的葡萄酒研發中心參觀。

該中心負責人除了介紹葡萄酒釀造過程外，還讓我們品嚐他們所研發的各種葡萄酒，包括紅葡萄酒、白葡萄酒、冰酒（Ice wine）和灰黴病葡萄酒（Botrytized wine）。葡萄灰黴病（圖：27c）是由真菌 *Botrytis cinerea*（圖：27d）引起的重要病害。它會造成葡萄果實腐爛導致嚴重經濟損失。可是用灰黴病菌侵害的葡萄所釀造的酒，不但風味特殊而且價格比一般葡萄酒貴。

記得和我同研究室有一位 Dr. Patrick 的博士生 Ron Jackson，他也和我們一起在 Vineland 園藝試驗所實習和參觀省政府的葡萄酒釀造實驗室。他自多倫多大學完成博士論文後，就到曼尼托巴（Manitoba）省的 Brandon 大學（Brandon University）任教，後來受聘為該大學植物系主任。

有一天他來 Morden 農業試驗所看我，告訴我他們夫婦兩人原本滴酒不沾，但是去康乃爾大學（Cornell University）休假（Sabatical leave）一年時，他去大學修了一門葡萄栽培（Viticulture）課程，並加入當地一個葡萄酒協會（Bacchus Wine Society）。未料他回 Brandon 大學後，他的興趣卻由原來研究灰黴病菌遺傳的植物病理專業，轉變為葡萄栽培學（Viticulture）和釀酒學（Enology）等方面。

他也接受 Manitoba 省酒業委員會（Manitoba Liquor Commission）委託，在 Brandon 大學開了一門新的課——「品酒學（Wine Tasting）」。Dr. Jackson 自 Brandon 大學植物學系主任退休後，就繼續專注於葡萄酒方面的寫作（參考：

http://scitechconnect.elsevier.com/ron-jackson-plant-pathology-wine-author/）。他的書《葡萄酒科學：原理與應用（Wine Science：Principles and Applications）》由 Elsevier 出版，已發行至第四版。該書並於 2015 年獲得了著名的「OIV 獎」。他撰寫的另一本著作《葡萄酒品嚐：專業手冊（Wine Tasting：A Professional Handbook）》也是由 Elsevier 出版。該書於 2017 年發行了第三版。

Dr. Jackson 人生這種巨大改變，是深受當年修博士學位時，Dr. Patrick 暑期帶我們去 Vineland 參觀安大略省政府的葡萄酒釀造實驗室，以及去康乃爾大學休假一年時所修的葡萄栽培和釀酒等課程的影響。由此可見，像 Dr. Patrick 這樣的指導教授對他的後進影響是多麼的深遠。

Vineland 小鎮離觀光景點尼亞加拉瀑布（Niagara Falls）不遠。在多倫多就讀時，每年暑假和 Dr. Patrick 去 Vineland 果園實習，我內心一直在想，那個地區每一大片葡萄園將來都可能發展成為觀光果園。果不其然，多年後 Vineland 有些葡萄園已經不僅生產葡萄而且還用於發展觀光。

2007 年，我的小舅子林鎮山教授來電話告知他住在多倫多的長女 Emily 將於六月在 Vineland 的一個葡萄園舉行婚禮。我問他：「為什麼要去這麼偏遠的農村，而不在多倫多的教堂舉行婚禮？」他也說不出所以然。我們在想現在的年輕人和我們這一代不同，他們都想有一場童話般的婚禮。Emily 和她的未婚夫可能也是基於這樣的理由，才去找這一偏僻鄉下果園，舉辦一場令自己終生難忘的夢幻婚禮。

婚禮當天，在多倫多的好友戴子仙夫婦開車帶我們一起前往參加（圖：28e）。到達 Vineland 地區，我們看到遍地都是葡萄園。由於鄉間路窄，路旁的標示又很難找，到達農場時賓客都已經聚集在葡萄園了。

婚禮在蔚藍的天空下進行。所有來賓們都穿著華麗，坐在椅子上，聽著豎琴的演奏，看著遠處三位伴娘和跟隨在後的新娘在葡萄架間的草地，慢步走向等候在婚禮台的新郎和牧師（圖：28）。這場婚禮和在教堂舉行的婚禮確實很不一樣。婚禮結束後，我們前往附近鎮上一家專門供應當地葡萄酒的餐廳參加婚宴（圖：28f）。這真是一場令人羨慕的夢幻婚禮。

婚宴結束回到多倫多，戴子仙給我一篇他以前寫的短文，內容提到 1968 年

我們在他們的公寓住宅舉辦的那場婚宴花費不到加幣一百元。和 Emily 在葡萄園舉行的婚禮相較，我們在戴家那場婚宴是何等寒酸，但是戴子仙夫婦那時還是窮留學生，他們肯為我們花加幣一百元辦喜宴的情誼，我們永遠銘記在心，到底我們兩人都是在桃園貧困農家出身長大的。

從上面描述 Dr. Ron Jackson 和「葡萄灰黴病」的故事，使我聯想到世界上很多生物或微生物是好還是壞有時很難說得清楚。

2009 年我在中國醫藥大學演講時討論到微生物好與壞的問題。其中我談到茭白（*Zizania latifolia*）是一種多年生的水生植物，在紐西蘭它被認為是一種有害的入侵植物（Invasive plant），因為它會像野草侵占農田、堵塞河流通道和影響植物生態系。

相反地，茭白在台灣卻是一種用來生產茭白筍的重要經濟作物。茭白筍是由於茭白莖基部受黑穗病真菌（學名：*Ustilago esculenta*）侵害而引起的。這個病原菌侵入莖基部，在寄主體內產生生長激素刺激莖基部組織細胞增生（Hyperplasia）和細胞肥大（Hypertrophy），使莖基部膨大形成紡錘形腫瘤，俗稱「茭白筍」（圖：29）。

我 2008-2013 年在台灣農業試驗所擔任客座研究員期間，看見所裡有一團隊一直在潛心研究用什麼方法可以使茭白容易得黑穗病，而且可以一年到頭都會得病。他們已經研發出新栽培技術，大大提升了台灣的茭白筍生產和經濟效益。

在多倫多大學時，可能是因為我是 Dr. Patrick 教授的第一位東方人研究生，我注意到他很努力在幫助我適應西方這個陌生環境。來到多倫多大學的第一年，我幾乎每個週末（星期六和星期天）都在實驗室裡渡過，一心想盡快落實碩士論文的研究工作。

那時，Dr. Patrick 習慣在每星期日下午來大學，在一樓辦公室裡準備下一週的教材。記得一個星期日下午，我們有四位研究生在三樓的實驗室裡工作，Dr. Patrick 突然開門進來。我們以為他有重要的事要告訴我們。沒想到他慢步走到我面前，把一張多倫多市區地圖放在我的桌上，並對我說：「Henry，這是一張市區地圖，你用它去市區走走，不要總是待在實驗室裡。」

他離開後，在實驗室的幾位研究生引起一陣騷動。其中一位南斯拉夫移民的研究生 Andy Tekauz 問我說：「為什麼 Dr. Patrick 對你特別關心？」另一位波蘭移民的研究生在實驗室沒有作聲。但是兩週後，他突然打電話給我說要開車帶我去多倫多近郊湖邊釣魚。大概他也受 Dr. Patrick 在驗室裡那席話所感動而願意伸手幫助我這位異鄉客吧。

又因為我剛來加拿大不久，加上語言的障礙和生活習慣不適應，我的研究生伙伴總是想盡辦法藉機會取笑我。有一天在實驗室吃午餐時，那位南斯拉夫移民的研究生看到我用刀子在削蘋果。他就手中拿著一粒蘋果走過來，對著我說：「Henry，為什麼你吃蘋果總是要先把皮削掉？在加拿大我們吃蘋果都是不削皮。」他隨即做示範，把手中蘋果在衣服上擦一擦，然後連皮帶肉用力咬了一大口。又有一次午餐時，他看到我吃葡萄不但要去皮而且把種子吐出來，他又走過來告訴我他們加拿大人吃葡萄是連皮帶子都吃下，然後把手中那一小串葡萄一粒一粒連皮帶子吞下，不像我吃完葡萄桌上總是留著一堆葡萄皮和葡萄子。

後來我發現 Andy 並不是刻薄，而是一位熱情洋溢，充滿幽默感而且樂意幫助別人的人。有一次 Dr. Patrick 要開車帶研究生去鄰省（Quebec）參加學術會議。Andy Tekauz 自動要求用他那輛老舊烏龜車帶我和他的女友 Ruby（她是我們系真菌學教授的祕書，後來成為 Andy 的太太）前往。會後我們還一起去參觀 Quebec 省很多風景名勝和欣賞法裔的浪漫風情。畢業後，我們兩人都進入加拿大農業部服務，Andy 在 Winnipeg 農業試驗所，而我在 Morden 農業試驗所。我們兩人於 2003 年又同時獲得加拿大植物病理學會的表揚（圖：111a-c）。在頒獎典禮的晚宴上，我們兩對夫妻在餐桌上興高采烈地談論著當年在多倫多大學校園的趣事和在 Vineland 果園實習那一段青春美好時光。我還特別提到 Andy 當年教我吃葡萄不要把葡萄籽吐出來，所以我現在去果菜市場都只買「無籽葡萄」，不買有籽葡萄。這些數不完的美好回憶都是我們的共同指導教授 Dr. Patrick 所賜的。

自從 Dr. Patrick 擔任我的指導教授後，我注意到他開始僱用東方人來支持他的研究計畫。

我記得當我開始修碩士課程時，他請了一位奧地利人擔任研究助理。一個學期後，改請一名香港大學畢業的女孩來接任技術助理。這個女孩聰明能幹，做事

很認真。她負責把我每週上植物病理學實習課所需的材料一一準備好。不料一年多後她又離職，Dr. Patrick 再請一位來自香港大學的男孩來替補。在他們面談之後，Dr. Patrick 把這男孩的資料拿給我看並要我提供意見。我說既然前面那位女孩做得很好，這位男孩大概也不錯吧。未料這位男孩沒幾個月就辭職離開。於是 Dr. Parick 改請一位來自牙麥加（Jamica）的女孩擔任研究助理。

又 1971 年我還在修博士學位期間，有一天 Dr. Patrick 來研究室找我並告訴我說：「今天有一位剛從加州大學畢業的周昌弘博士會來報到。他是台灣人，請你代替我去 Toronto 的灰狗巴士車站（Greyhound Bus Terminal）接他們夫婦兩人來學校。」

接周博士夫婦來學校後，才知道他是要來 Dr. Patrick 的實驗室當博士後研究員（Postdoctoral Fellow），從事作物相生相剋（Allelopathy）領域的研究。因為同是來自台灣又是同一指導教授，我們兩家在多倫多過從甚密，經常一同出遊（圖：30，31）。

記得一個晚夏清晨，我們兩對夫婦開車去 Ontario 湖邊釣魚。到傍晚，我們已釣到許多條又肥又大的鯉魚（圖：30b）。於是就用隨身帶來的鍋盤在湖邊生火煮魚，由周昌弘當廚師（圖：30c），他的太太楊良惠我和太太黃（林）素道在旁幫忙打雜。在湖邊吃過全魚餐後，我們就開車回家，到達多倫多市區已是萬家燈火的時候了。

又在 1972 年周昌弘即將結束他的博士後研究工作，準備應聘回台灣中央研究院植物所任職。在他回台灣之前，我們兩家決定一同前往加拿大法裔聚居的魁北克省（Quebec Province）旅遊觀光。

我們四個人於 1972 年 6 月 30 日自多倫多出發，7 月 1 日抵達加拿大首都渥太華（Ottawa）。當天正好是加拿大的國慶日，天空晴朗，議會山莊廣場上人山人海，個個興高采烈地觀看著表演。我們也跟著擠在人群中看熱鬧和站在路邊欣賞聯邦警衛隊（RCMP）的遊行。在渥太華又去參觀渥太華大學（University of Ottawa）校區（圖：31a）。

第二天我們繼續前往魁北克（Quebec）省的蒙特利爾（Montreal）市、魁北克（Quebec）市和聖安妮（St. Anne De Beaupre）（圖：31c, d）等地觀光四天。這些城市大多數人都說法語，但是街上或店家服務員都很友善。我們發現這幾個

地方到處都是教堂，如在 Montreal 市區的巴黎聖母院（Nortre Dame Church）和聖約瑟夫大教堂（St. Joseph's Oratory），以及在 St. Anne De Beaupre 的圓形教堂（Cylorama）都頗負盛名。另外，乘坐馬車欣賞具有法國情調的魁北克市區（圖：32a），參觀古老的 Chateau 旅館，和享受剛從馬路邊泥磚烤爐裡取出的新鮮法國麵包等，再再都給我們留下了美好難忘的回憶。

周昌弘博士回到台灣後，在中央研究院植物所擔任研究員，繼續專注於作物相生相剋（Allelopathy）的研究。他的研究成果深獲學界肯定，如今他已成為一位研究作物相生相剋的世界知名學者。周昌弘博士的出色研究也使他獲得了中央研究院院士的榮銜。

此外，周昌弘博士的行政能力也很強。他曾任中央研究院植物所所長、國立中山大學副校長，以及國立屏東科技大學校長。2004 年 12 月，周昌弘校長為了慶祝國立屏東科技大學成立八十週年，舉辦一系列國際研討會。我應邀參加其中兩次研討會，因此我們兩家又在屏東科技大學相聚（圖：32b）。

記得 2004 年 12 月 3 日我在屏東科技大學參加「生物多樣性與農業生物技術應用國際研討會」，但是我必須於次日前往台北參加「台灣植物病理學會年會」並發表演講。屏東科技大學已幫忙訂了兩張機票給我和太太，搭乘 12 月 4 日清晨飛機去台北。

那時正好有一颱風警報，但是他們告訴我那颱風不會登陸，因為十二月份不是颱風季節。未料，12 月 3 日下午 4 時，周昌弘校長突然請人來會議室把我叫出去，告訴我颱風當晚會登陸，要司機立刻載我去機場乘飛機去台北。我們首先去附近的屏東機場，但是它已關閉，我們立即趕往高雄小港機場，乘坐最後一班飛機，於深夜抵達台北，到達時已經風雨交加。

看電視新聞報導，才知道那一冬季颱風是台灣百年僅見。離開屏東時，我告訴周昌弘校長我太太還在學人宿舍，希望帶她同行，但無法用電話和她連絡。周校長回應說：「時間來不及了，你趕快去，素道（我太太）由我和良惠（周太太）照顧她。」

結果我獨自去台北參加植物病理學會年會，發表演講，和接受「植物病理貢獻獎」（圖：113a）。朋友要我把這一獎牌帶回去給我太太看，沒想到她不但不

看這一獎牌，而且還抱怨我那天爲什麼把她一人丟在屛東科技大學宿舍。

這件事成爲我終身無法彌補的遺憾！我只能怪老天爺爲什麼要給台灣帶來那一場百年僅見的「冬季颱風」，連我也被颱風尾掃到！

在多倫多大學的留學生分爲家境富裕和家境清貧兩群，我是屬於家境清貧的一群。每次出門，太太和我都喜歡在便宜的商店尋找廉價的家庭用品。

1968 年，我們在多倫多一家超市的廉價商品區以加幣一塊五毛錢買了一套有彩繪的全新茶壺和茶杯。過了五十多年，這副茶具大多已破損，僅剩下三只茶杯，杯上的彩繪早已褪色，但仍然是我的最愛。

剛來到加拿大時，去理一次髮連小費要一塊半加幣。爲了節省這一點錢，我們特地去買一套廉價的理髮剪，由我太太幫我理髮（圖：25a）。週末偶爾出去遊覽名勝如尼亞加拉瀑布（Niagara Falls）（圖：24）等，也都坐公車，或乘坐朋友的車去渥太華參加鬱金香節（Tulip Festival）。

又在盛夏的黃昏，多倫多交響樂團（Toronto Symphony Orchestra）常在安大略湖（Lake Ontario）邊舉辦戶外演奏會。我太太一向喜歡古典音樂，爲了參加這種免費的演奏會，她準備了便當來多倫多大學接我，兩人一同乘坐地上電車去湖邊，坐在青翠草地上享受著湖面吹來的微風和聆聽著美妙的交響樂。

那天聽到 Seiji Ozawa（小澤 征爾）指揮孟德爾頌的〈義大利交響曲〉後，隨即愛上這一交響樂曲和這一位年輕充滿活力的指揮家。以後 Seiji Ozawa 成爲波斯頓交響樂團（Boston Symphony Orchestra）指揮。我太太爲了追星，每次去唱片行時，她一定會去古典樂唱片專區尋找 Seiji Ozawa 指揮的唱片。

退休後，我們的女兒每年都會買溫哥華交響樂團（Vancouver Symphony Orchestra）的季節票給我們。在溫哥華那間古色古香的豪華劇院「Orpheum Theater」聆聽演奏會（圖：136）。返家途中，太太和我在車上仍興猶未盡，一路聊著我們當年在多倫多大學那一段「苦中作樂，窮開心」的日子，雖然物質貧乏但是很快樂。

五、

我的職場生涯
（1972-2006 年；
加拿大農業部）

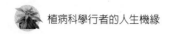

1. Saskatoon 農業試驗所（1972-1974 年；博士後研究）

1972 年取得多倫多大學博士學位後，Dr. Patrick 報請該大學聘我擔任講師（非永久職）。兩個月之後又收到 NRC（National Research Council of Canada）寄來一信，告知要我去加國西部 Saskatchewan 省的 Saskatoon 聯邦農業試驗所擔任博士後研究員（Postdoctoral Fellow），為期兩年。

那時大學植物系一位員工告訴我，他曾去過 Saskatoon，那是一處極為荒涼落後的小鎮，就像早期西部電影裡，兩個牛仔在一條短短破落的街道上決鬥時的那種景象，我聽了心裡感到害怕，立刻去見 Dr. Patrick 告訴他我不想去 Saskatoon。

他聽過我的解釋後，笑著回應我說：「我建議你還是去 Saskatoon 吸取一些經驗，如果不喜歡那個地方隨時可以回來。」有了他這句話，我和太太就於 10 月 31 日晚上乘坐有雙人房的 CN（Canadian National）火車，由多倫多出發（圖：33），經過一天一夜才抵達 Saskatoon。

雖然那段旅程的火車費比 NRC 給我們的機票補助費還貴，但這是我們兩人第一次有機會近距離欣賞加拿大西部大草原（Canadian Prairies）初冬雪地景緻，空曠遼闊、人煙稀少、給人一種特別幽靜淒美的感受（圖：34）。抵達 Saskatoon 後才發現它原來是一座很現代化的城市，人口十幾萬，除了冬天氣候較冷外，夏天風景超美。

Saskatoon 農業試驗所位於 Saskatchewan 大學（University of Saskatchewan）的校區內，以研究「芥花（Canola）」（即雙低油菜）和麥類（小麥、大麥等）作物聞名。每年夏天，從飛機上瞭望加拿大西部草原，都是一塊塊金黃色的芥花和綠色的小麥或大麥田，風景如畫，很是美觀。

芥花（Canola）是註冊商標名。它是指加拿大植物育種專家將芥菜籽（*Brassica napus*）透過傳統育種方式所研發的油料作物，能提高其營養價值，特別是降低飽和脂肪酸含量。

加拿大聯邦政府在 Saskatoon 農業試驗所的研究包括「芥花（Canola）」育

種、麥類育種、雜草防治、昆蟲和植物病理等。

植物病理組有七位成員，其中四位負責麥類病害，兩位負責芥花病害和一位負責雜草防治之研究。植物病理組組長，Dr. R. D. Tinline（圖：35a, b），因研究小麥根腐病（Common root rot of wheat）而享譽國際。該病是由真菌 *Cochliobolus sativus* 引起。

Dr. Tinline 也是我在 Saskatoon 農業試驗所博士後研究工作的導師。因為我們兩人對真菌菌絲在培養基上生長，往往容易產生變異菌株（Cultural variants）的問題都深感興趣，所以在討論我們想要選擇的研究課題時，我提到文獻中有幾篇報導真菌（低等植物）菌絲細胞核的有絲分裂（Mitosis）與高等植物的體細胞核有絲分裂不同，因為前者缺乏核分裂的中期板（Metaphase plate）。我認為這一課題具有爭議性，值得我們投入研究。

他說我的建議很好，同時他還提到當年研究小麥根腐病菌（*Chochliobolus sativus*）菌株遺傳變異時收集了不少菌株，包括單倍體（Haploid）菌株和一支雙倍體（Diploid）菌株，我們可以用來作為研究材料。課題選定之後，我就開始培養真菌材料，用雙重染色方法處理，然後用光學顯微鏡檢查和拍照，以記錄真菌細胞核有絲分裂（Mitosis）的整個過程。

這是一項極為繁瑣而艱辛的工作，因為真菌菌絲中的細胞核絕大多數是屬於休止期（Resting stage），只有極少數是處於有絲分裂（Mitotic division）狀態。首先，我要學會如何尋找即將開始分裂的細胞核，然後再將每一分裂期的現象照相記錄下來。因此每次實驗都在考驗一個研究員的觀察力和毅力。儘管有這麼多技術上的困難，我還是找到這一真菌細胞核有絲分裂（Mitosis）的短短過程中的確有中期板（Metaphase plate）的存在。這一發現推翻了前人的理論。該篇論文（文獻：7）投稿時深受兩位評審員的青睞。其中一位評審員開頭評語寫道：「很高興推薦這篇論文發表。……在圖 4-6 中清楚地展示了中期板，這本身就為真菌有絲分裂的文獻做出了寶貴的貢獻。」（圖：36a）。

Dr. Tinline 對於我們共同發表的第一篇論文感到很滿意。於是我建議他用穿透式電子顯微鏡（Transmission Electron Microscope）來進一步檢查小麥根腐病菌細胞核有絲分裂每一段過程的超顯微結構（Ultrastructure）。他認為這個想法

很好，只是 Saskatoon 農業試驗所沒有電子顯微鏡設備。我回應他隔壁 Saskatchewan 大學生物系有一台電子顯微鏡，不知道能不能向他們借用？他聽到我提醒後，立刻帶我去生物系見電子顯微鏡研究室的負責人 Dr. Larry Fowke 教授。

　　Dr. Fowke 教授聽了我們解釋，覺得這一課題很新穎，乃欣然同意我去用他的儀器設備和實驗材料。他還說要請他的助理協助我有關實驗材料處理和電子顯微鏡操作等細節，唯一條件是要我自己製作玻璃刀來做切片，不可以用他的鑽石刀（聽他的助理說那鑽石刀很貴，當時要價美金五千元）。

　　研究計畫談妥之後，我又開始擔心沒有電子顯微鏡操作經驗。幸好那時 Philips 公司派人來大學講授穿透式電子顯微鏡（Transmission Electron Microscope）課程，為期一週。我立刻前往報名參加，學習一些基本知識和操作方法等。整個課題研究過程，大小問題層出不窮。有時好不容易找到一粒分裂的細胞核，玻璃刀沒做好而使所有切片都報廢。前前後後實驗失敗了無數次！偶爾拍到幾張好的照片，興奮不已，走回試驗所已經是下班時間，整棟大樓漆黑一遍，只見 Dr. Tinline 辦公室燈光還亮著，趕快把照片拿去給他看。他看了照片也和我同樣興奮。

　　1973 年 Ottawa 總部有一位植物病理研究員 Dr. Colin McKeen 來 Saskatoon 試驗所訪問。Dr. Tinline 帶他來我的實驗室，並要我把抽屜裡那些用電子顯微鏡拍的照片拿出來給他看。Dr. McKeen 仔細看了照片後，問我是否已經開始書寫論文。我回答他說：「還沒有，因為我還欠細胞核分裂末期（Telophase）的照片。」兩人沒再說什麼，僅對我微笑示意，隨即轉身離開。

　　經過不斷地努力，我們終於把研究結果整理成一篇論文和 Dr. Fowke 共同發表（文獻：8）。該論文投稿時也頗受好評。其中一位評審員的評論開頭就說：「……真菌細胞核的研究經常既乏味又令人沮喪。更甚者，電子顯微鏡照片細胞核內常常是空的。我必須祝賀你在 *Cochliobolus sativus* 細胞核研究的成功。」（圖：36b）。這篇文章連有些來信索取抽印本的讀者也嘉許稱讚。

　　在 Saskatoon 的兩年期間，除了對真菌體細胞有絲分裂的研究外，我還進行一項研究，用組織切片的方法來觀查根腐病菌（*Chochliobolus sativus*）入侵小麥和大麥作物地下部莖節（Subcrown Internode）的情形，以了解該病發生的過程。我把大麥和小麥種在溫室和田間，到孕穗期（Booting Stage）將植株拔起，切取

地下部莖節，用來作爲實驗材料。

　　整個研究過程相當漫長，等到研究資料整理完畢寫成論文時，兩年聘期即將屆滿，我已準備前往 Manitoba 省的 Morden 農業試驗所就任新職了。我只好把論文手稿繳給 Dr. Tinline，請他處理內部審查和投稿等事宜。

　　未料我於 1974 年 12 月 1 日去 Morden 農業試驗所報到後不久，突然接到 Dr. Tinline 從 Saskatoon 打來的電話。他說我離開 Saskatoon 後，他把我留下的那篇論文交給兩位同事（都是麥類根腐病研究員）審查。其中一位審查員懷疑我使用錯誤的實驗材料，因爲我報告病原菌可以侵害小麥和大麥地下部莖節表面上的氣孔（Stomata），而 Perceval（文獻：52）的小麥專書卻報告「小麥地下部莖節表面沒有氣孔」。我覺得這一位評審員的質疑很有道理，在電話中我向 Dr. Tinline 解釋，唯一解決辦法是我們再做一次實驗來證明是我使用錯誤的實驗材料，還是 Perceval 那本小麥專書寫錯？

　　他對我的建議深表同意，於是寄給我幾包以前實驗剩下的小麥和大麥種子。我們分別按照以前的方法在溫室和田間種麥，在孕穗期檢查地下部莖節表面是否有氣孔。結果發現所有供試小麥和大麥品種的地下部莖節表面都有氣孔，證明我當年沒有用錯試驗材料，而是 Perceval 那本小麥專書記載有誤。

　　後來我們把這次的結果加入原稿才送出發表（文獻：10）。這篇文章雖然因爲評審員的質疑而拖延了將近一年才發表，但是我們非常感激這位評審員的指點，爲了追求眞理，文章發表時間的延誤就微不足道。

　　在 Saskatoon 的兩年中，我和我太太眞正感受到加拿大西部人的熱情待客（Western Hospitality）。在我的博士後研究任期結束時，Dr. Tinline 和植物病理組的研究員爲我們安排了一場非常溫馨的惜別晚會，雖然只是一小型聚會，大家都盛裝出席（圖：35c, d）。

　　那段期間，我們也認識多位從台灣來 Saskatchewan 大學（University of Saskatchewan）的留學生。我們經常一起去湖邊釣魚，有時深夜才回家煮魚、開派對，其樂融融（圖：37, 38）。記得有一次去露營，在 Saskatchewan 河（South Saskatchewan River）泛舟，河道寬、水流急，我們兩人都不會划船，差點滅頂（圖：37a）。後來每逢朋友邀我們划船，我們都以「極度怕水」爲由而加以拒絕。

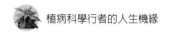

2. Morden 農業試驗所（1974-1981 年；研究員）

在 Saskatoon 兩年的博士後研究工作期限即將屆滿時，我意外地接到 Dr. Patrick 從多倫多大學打來的電話，告知 Manitoba 省的 Morden 農業試驗所有一個新職缺，要找一人去研究「向日葵菌核病」。他說他已打電話給該試驗所的代理所長 Dr. Gordon Dorrell，告訴他我對這個職缺有興趣，並吩咐我立刻把申請資料寄去 Ottawa 總部的人事處。

過了幾天，Dr. Dorrell 打電話來告訴我說 Dr. Patrick 向他提及我對研究「向日葵病害」一職有興趣，並問我是否願意去 Morden 和他們面談。我告訴他對這工作很有興趣，希望有機會去面談。他說：「那好，我兩個星期後再打電話給你。」說完就掛斷電話。

其後每天都在等電話，覺得那兩週日子特別難挨，真是度日如年！兩個星期終於過去了，但是一直沒等到 Dr. Dorrell 的電話。等待的日子一天天過去，心中覺得他們大概不要我了，沒想到幾個星期後，意外地收到 Ottawa 總部人事處寄來一封電報（Telex）（圖：40），告訴我他們決定聘我為 Morden 農業試驗所研究員，並說明年薪和報到日期，於是我就於 1974 年 12 月 1 日去 Morden 農業試驗所（圖：39a）報到。

抵達 Morden 那天晚上，Dr. Dorrell 來接我和太太去他家喝咖啡，交談中我對他說：「大概是我英文太差，你上次電話中告訴我兩週內要再給我電話，討論去 Morden 面談的事。但是我沒有接到你的電話，反而收到一封授我職位的電報。」他笑著回答說：「你沒有聽錯，我是要你來面談，但是總部說你的資歷最好，不用再面談了。」我聽了也笑笑，內心只覺得那天晚上的咖啡特別香醇。

到 Morden 農業試驗所開始上班不久，有一位同事找我去他的辦公室，告訴我他們曾經成立三人小組，負責尋找我目前這一職位的人選。他又說在我之前有兩名候選人來試驗所面試，並問我為何沒有來面試就能得到這個職位？我對他這一突如其來的問題也感到莫名其妙，僅僅回答他「我不知道」，隨即轉身離開他的辦公室。

經過多年後，我才從文獻記載（文獻：50）裡發現加拿大農業部在 1960-1970 年代設有四位協調研究員（Coordinator），其中一位就是 Dr. Colin McKeen，負責協調全國植物病理方面的研究工作。這四位協調員的角色有點類似星探，他們經常在全國各地旅行，並充分了解當前和未來的研究需求。

我猜想當年沒有去 Morden 試驗所面談就得到農業部聘書，大概是與 1973 年在 Saskatoon 農業試驗所擔任博士後研究員（Postdoctoral Fellow）時，Dr. Tinline 帶著 Dr. McKeen 來我的實驗室看我那幾張電子顯微鏡照片有關。

離開 Saskatoon 試驗所後，每次開會和 Dr. Tinline 相遇，他一定會關心我的工作和家人狀況，使我深深感受到他總是在背後默默地幫助我。幸虧我當年聽了 Dr. Patrick 的話去 Saskatoon 做兩年的博士後研究，才會遇到 Dr. Tinline 這一位既有學術威望又善待部屬的人。

去 Morden 農業試驗所上任後不久，Dr. Eric Putt 參加援外計畫工作結束，回任所長職務，Dr. Dorrell 則返回原作物組長的職位。

這位所長早年是北美著名的向日葵育種專家，對我的向日葵菌核病研究計畫特別感興趣。沒多久，我從田間採回的菌核病菌分離到一種學名叫 *Coniothyrium minitans* 的真菌。經實驗證明，它是一種重寄生真菌（Mycoparasite），可以透過寄生而破壞菌核病菌的菌核（Sclerotia）和菌絲（Hyphae）（圖：41）。於是我將這一發現很快地發表兩篇論文（文獻：9, 11）。

按照農業部規定，所有論文投稿都必須經過所長審查。記得第二篇論文投稿時，所長 Dr. Putt 看了主編和兩位評審委員的審閱報告之後，打電話要我立刻去他辦公室。見面後，他拿出那篇論文對著我說：「主編和兩位評審委員都認為這篇論文內容很好，但是英文需要大力修訂。」

我以為他要我把文稿拿回去修改重寫，未料他卻叫我拿張椅子坐在他旁邊，開始按照評審意見，逐字逐句幫我修改。文章改完時已經是下班時間了，整棟樓房只剩下我們兩人。離開時我對他的幫忙表示感謝，並對耽誤他的辦公時間表達歉意，未料他竟回一句：「修改你這篇論文是我最愉快的一個下午。」從此以後，他對我這位新進人員的研究進展更加關注，每次總部有人來考察，或是國外從事向日葵研究人員來參訪時，他都要我帶他們去看我的田間試驗。

　　例如 1977 年有四位來自澳大利亞的向日葵研究員（育種和病理專家）來試驗所訪問，所長 Dr. Putt 要我帶他們到田間看我的「向日葵菌核病生物防治試驗」（圖：42）。同年，加拿大農業部西部助理總監（Assistant Director General）Dr. Tom Anstey 來試驗所做例行性訪問。他和每一位研究人員單獨見面，了解研究進展和需求等。

　　結束訪問時，他和所裡全體研究人員座談。在會中，他當場提到我的研究並誇獎和鼓勵一番。後來所長告訴我 Dr. Anstey 回總部後寫了一封信給他，信中又特別提到我的名字。從與 Dr. Putt 互動的各種跡象來看，我可以感受到他對我的工作表現很滿意。

　　讓我驚奇的是我第一次的年度考績報告是由所長 Dr. Putt 和作物組長 Dr. Dorrell 幫我準備，我只讀報告內容和簽名。更驚奇的是第二年他們不但幫我準備考績報告，而且還附有推薦升等的文件。我讀完報告，內心非常激動，像去年一樣簽上名字後把兩份文件交還給他。看到我從容地簽名，所長以驚訝的眼光瞪著我說：「難道你沒有什麼話要說嗎？」我回答：「你們替我準備這麼好的年度報告和推薦升等文件，我還能說什麼！」組長在旁聽了我們的對話只是笑一笑。

　　他們兩人出去後，我獨自在辦公室裡沉思良久，內心不斷地問我自己，世界上怎麼會有這麼善待部屬的所長和組長呢？

　　1970 年代，向日葵在加拿大和美國是一種新興作物。它有兩種不同類型，一種是「油籽型（Oilseed type）」，種子深黑色、顆粒小、含油量高，用來搾油（油中富含不飽合脂肪酸，適合作為食用油）；另一種是「糖果類型（Confectionery type）」，種子顏色較淺、顆粒大、含油量低，適合用來當作瓜子零食。當年在美國 North Dakota、South Dakota 和 Minnesota 等三州有很多私人公司相繼成立，研究開發向日葵這一新興作物。因此，美國向日葵協會每年多天都會在北達科他州（North Dakota）的 Fargo 市舉行研討會（Workshop），讓參與者學習向日葵新栽培管理技術和交換新科學訊息，主要討論議題包括向日葵育種、栽培管理、病蟲害防治和產業行銷等。

　　我記得在 1977 年，來自 Morden 試驗所的向日葵小組的六名成員，開兩部政府公務車去明尼蘇達（Minnesota）州的明尼阿波利斯（Minneapolis）市參加第八

屆國際向日葵會議。所長 Dr. Eric Putt 和組長 Dr. Gordon Dorrell（圖：44a）兩人開一部車，我們四人開另一部車。

我們清晨出發，天氣寒冷，溫度接近攝氏零下 25 度（-25℃），高速公路上車輛稀少。當我們抵達美國邊境時天剛亮，我們停車接受過境檢查，只見一位邊防官慢步向我們走來。他問我們的司機：「你們要去哪裡？」他回答：「我們要去明尼阿波利斯」。然後他又問：「你們都是加拿大人嗎？」我們異口同聲回答「是」。他看上去很困惑的樣子，問我們的司機：「你的原籍在哪裡？」他回答說：「烏克蘭（Ukrane）。」你呢？「北愛爾蘭（Northern Irland）。」你呢？「荷蘭（The Netherlands）。」最後他指著後座的我問：「那你呢？」我回答說：「台灣（Taiwan）。」他搖搖頭無奈地揮揮手讓我們通過關口，進入美國，繼續往明尼阿波利斯前進。

我們都被那一位邊防官的無厘頭問答逗得開懷大笑。原來我們一車的人就像一個聯合國。這一過境對話把我們的睡魔都趕走了。

又在那些年裡，為了節省財源，政府規定公務員出差必須兩人共用一個房間。這次去 Minneapolis，沒有人願意與我們的所長 Dr. Putt 同住一房間。因此，我們五人在酒店大廳用擲硬幣來分房間。結果我和組長 Dr. Gordon Dorrell 同住一房間。

我和 Dr. Dorrell 在開會那幾天有機會在晚上聊天。記得有一晚他向我提到他的終生目標是為這個國家做一點事。經過這些年，我發現 Dr. Dorrell 的整個職業生涯中，他首先被任命為 Morden 農業試驗所的科學家，然後升調到 Winnipeg 農業試驗所當所長，再轉調到 Lethbridge 農業試驗所當所長，幾年後再升任為農業部總監（Director General）。

Dr. Dorrell 在職場發揮行政長才，一路順遂，他給我的啟示是「一個人只要下定決心和意志，就會有辦法找到自己的人生方向和目標」。

我服務於 Morden 農業試驗所時，發現每年夏天園藝組花卉苗圃的菊花，有些品種和品系發生了嚴重的枯萎病（圖：43A）。有一天，園藝組負責玫瑰和菊花育種的研究員拿著枯萎病菊花，來請我幫忙鑑定。我做了病原菌分離和接種實

驗，發現它是由尖孢鐮刀菌引起的枯萎病（Fusarium wilt of chrysanthemum）。於是我進一步設計一種簡易室內篩選技術來檢測菊花品種和品系（Lines）之抗病性（圖：43B；文獻：33）。用這種篩選方法，使 Morden 農業試驗所育成的商業菊花品種不但花色美好而且能抵抗菊花枯萎病。我這一舉動引起園藝組其他同仁的注意，相繼找我幫忙鑑定園藝作物病害。

在 Morden 農業試驗所，我們遇到一對非常特別的夫婦——Andy Russell 和他的太太 Lynn（圖：47, 48）。

Andy 是該所的研究員，負責馬鈴薯育種工作。1974 年，當我們準備離開 Saskatoon 前往 Morden 試驗所就任新職的前幾天，Andy 突然來找我。他說 Dr. Dorrell（代理所長）要他來 Saskatoon 出差時，順便來看我並告訴我開車去 Morden 的詳細路徑。他給了我一張地圖並指出我們中途可以在哪一個小村莊找到旅館住一晚。我和太太於 1974 年 11 月 30 日出發，找到那間小旅館已經是深夜，兩人只能吃自己帶來的泡麵。去 Morden 農業試驗所報到後沒幾天，我們在該鎮的小郵局遇到 Andy 和 Lynn，談話間，心中就有一種相見如故的感覺。

到 Morden 工作的第一年（1975），我們的兒子 Timothy Huang 誕生。記得太太在醫院待產那一天，從早上到黃昏 Lynn 都陪在她身邊，直到嬰孩順利誕生。當我在試驗所忙於研究工作時，Lynn 也意識到我的太太住在這個小鎮上無親無故、非常孤獨，而且身邊還帶著一個初生嬰兒。因此她每週主動來我們家幾次陪我太太，幫忙照顧小寶寶。

每逢週末 Andy 和 Lynn 也經常帶我們去附近的公園野餐。有幾次，Lynn 於下午五點下班後來試驗所接 Andy 和我們去 Winnipeg 看表演。Andy 開車，我們在車裡享用 Lynn 給我們準備的晚餐（三明治）。看完表演回到 Morden 已近午夜時分了。

我們兒子上幼稚園時，他問我們為什麼同學都有祖父和祖母，而他沒有？我們不知道如何回答，因為他的祖父母都遠在台灣。為了填補這個空白，我們試著問 Andy 和 Lynn 是否可以讓我們兒子叫他們祖父和祖母。他們聽了我們的請求，欣然答應。從此以後，我們和 Andy、Lynn 以及他們的子女之間往來更加頻繁，他們兩人的金婚和壽宴我們都受邀參加，並安排我們兒子和他們的孫女一起拉小

提琴助興（圖：47b）。

後來 Andy 自 Morden 農業試驗所退休，遷往 Saskatchewan 省南部一個小村莊 Indian Head 定居。那時我已轉調到 Lethbridge 農業試驗所服務。有一年我們受邀去他們家過聖誕節（圖：48），大家一起做餅乾、裝飾聖誕樹和開聖誕禮物等。看到太太、兒子和女兒和這對夫婦互動時那種歡樂神情，我內心感動不已。

後來他們搬去 Alberta 省的一個小鎮 St. Albert 定居，幾年後 Lynn 不幸病逝。Lynn 逝世後不久，我們突然收到 Andy 寄來的一封信，裡面有兩張加幣各一千三百七十元的匯票，分別給我們兒子和女兒。我們立刻把兩張匯票退還給 Andy，並請他把錢留下作退休金。未料過了幾個月，他突然開車來我們家，把那兩張匯票交給我們，並附一張 Lynn 親筆遺囑。原來她遺書中把她的養老金平分給她們的孫子，上面也列著我們兒子和女兒的名字。

Lynn 去世後，每年聖誕節我們都會收到 Andy 寄來的包裹，裡面有他自己做的聖誕蛋糕（Christmas cake）和兩張給我們孩子的支票。這樣持續了很多年，直到他年邁搬到療養院才停止。

2000 年 Andy 專程來 Lethbridge 參加我們女兒 Sarah 高中畢業典禮（圖：52b）。他坐在禮堂前排，專注地聆聽著 Sarah 的畢業生代表講話（Valedictorian Speech），令我們深深感受到他是多麼為我們的孩子驕傲。

1992 年我們全家去北海道訪問 Dr. Izumi Saito，在吃飯聊天時，我提到當年 Andy 根據 Lynn 的遺囑寄匯票給我們子女的事，他們夫婦都覺得不可思議，並告訴我們，這種事情在日本絕對不可能發生。

我們真是何其有幸能遇到 Andy 和 Lynn 這對好夫妻。他們給了我子女長輩的親情，給了我太太持家的定力，也給了我工作的動能。回想起來，人與人之間真是一生緣，一世情！

3. Lethbridge 農業試驗所（1981-2006年；研究員）

(1) 轉調原由

1979 年夏天，我前往 Alberta 省 Lethbridge 農業試驗所參加研討會，並在晚間議程中報告我在 Morden 的向日葵菌核病研究工作。晚上九點多會議結束後走出大樓，一位與會朋友走來問我說：「Dr. Tom Atkinson 有沒有來找你？」我回答說：「沒有，他找我做什麼？」心想 Dr. Atkinson 是 Lethbridge 農業試驗所副所長兼植物病理組組長，和我有什麼關係？

這位朋友聽了我的回話，有點尷尬，但還是告訴我，在我進行報告時，他聽到坐在他後面的 Dr. Atkinson 低聲地自言自語說：「我應該把這個傢伙調來 Lethbridge 農業試驗所服務。」我沒把這短短對話當一回事，未料一年多後，突然接到 Dr. Atkinson 的電話，告訴我他的試驗所正在找人去從事「苜蓿黃萎病（Verticillium wilt of alfalfa）」的研究。我心想該病是北美新發現的一種重要病害，而且該所是全國最大的農業試驗所，設備齊全，研究人員比 Morden 試驗所多了好幾倍，乃告訴他我對這職位很有興趣。

再過幾天，Dr. Atkinson 來電話和我約定時間去面談，並吩咐我買兩張機票，帶我太太同行，讓她順便看看 Lethbridge 的環境。會面那天太太臨時有事，我單獨前往 Lethbridge，早上面談、下午參觀試驗所。下午 Dr. Atkinson 告訴我要先去旅館接一位 Ottawa 來的訪客，然後再接待我們兩人一起參觀試驗所。

我們抵達旅館時，Dr. Atkinson 告訴我那是 Lethbridge 最豪華的旅館，面向裡面的房間有陽台，不但可以在那裡欣賞熱帶樹林等庭園造景，而且還可以欣賞鋼琴演奏者的優美音樂。他接著說：「很可惜你太太不能來，為了她我特別訂了面向庭園的房間。」我聽了他這句話，當面向他表示感謝。

當天下午由植物病理組代理組長 Dr. Alan Roberts 接待我們兩人參觀試驗所，介紹試驗所環境和設備等。參觀完畢時，Ottawa 這位研究員細聲對我說：「他們好像已決定給你這個職位了。」

Morden 是 Manitoba 省南部的一個小鎮，人口僅五千多，缺乏幼童成長所需的公共設施，例如室內游泳池等，而 Lethbridge 是 Alberta 省南部最大城市，人口七萬多，有一所大學（University of Lethbridge）、一所專科學校（Red River College）、兩個常年開放的室內游泳池和一個新穎的公共圖書館。我在 Morden 服務時，曾多次去 Lethbridge 農業試驗所開會，發現這個試驗所不但研究人員多，而且擁有一流的研究設備。

當我從 Lethbridge 農業試驗所面試結束，回到 Morden 農業試驗所後，我對太太說去 Lethbridge 的面試進行很順利，他們好像很希望我能去那裡工作。那時我們的小孩 Timothy 已六歲剛上幼稚園（圖：44b）。我進一步對她說明去 Lethbridge 農業試驗所不但可以擴展我自己的研究領域，而且還可以給她和小孩一個更好的生活環境。

最令我驚訝的是，她竟然對我說：「儘管 Lethbridge 是一個擁有更舒適生活環境的大城市，但是你過去幾年在 Morden 的研究工作已經有很好進展，而且深受長官和同事的肯定。爲了你的職業生涯，我寧願和小孩留在 Morden 這個小鎮陪你，不要搬去 Lethbridge。」

她這番話使我深深感動。她的本性就是這麼善良、謙虛而體貼，永遠把丈夫的工作放在第一優先。

轉到 Lethbridge 農業試驗所（圖：45）後，我的太太發現這個城市的公共設施確實比 Morden 那個鄉下小地方好得多。搬來不久，她就到大學、專科學校、和圖書館去查看有什麼機會可以幫助教育剛進小學的兒子。結果她很快就替兒子報名參加 Lethbridge 大學（University of Lethbridge）音樂系的兒童班，跟隨老師 Peter Jarvis 學小提琴（圖：54a）。

大概是太太就讀高中時想學鋼琴，因學費問題，只上了幾堂課就放棄。現在遇到這個機會，她每一個週末帶兒子去上課，回來還會認眞陪他練習（圖：54b, c）。當我們的女兒 Sarah 兩歲多時，有一個週末，我太太帶著兒子在大學一間教室裡上小提琴課，而我和女兒在教室外面走廊等。這時，另一位小提琴老師 Susan Jarvis（Peter Jarvis 的太太）剛好經過。她看了在嬰兒車裡熟睡的 Sarah，隨口問我她幾歲？我說：「才兩歲半。」Susan 接著說：「她看起來已經可以開始學

小提琴了。我家有一把最小號的小提琴，下個週末可以拿來讓她試一試。」Susan 給 Sarah 上了一堂課之後，告訴我們 Sarah 可以開始報名上課了。從那時起，我們每個週末帶兒子和女兒去大學上小提琴課，回來再複習（圖：53）。有時還會帶他們參加在大學或圖書館舉辦的音樂會（圖：53c）。

每年春天，在 Lethbridge 都會由 Kiwanis 俱樂部（Kiwanis Club）舉辦音樂節（Kiwanis Music Festival），給 Lethbridge 地區幾十所學校的學生參加音樂、演講和戲劇等比賽。這段期間，我的太太總是忙著帶兒子和女兒參加比賽，或者聽別人的演奏。音樂節結束時會舉辦一場聯歡晚會（Gala Concert）。如果我們的孩子被選去參加演出時，她也會日夜忙著替女兒製作新衣服，或為兒子買新襯衫和褲子作為晚會的穿著。

我發現太太雖然一天到晚為子女忙碌，但是她覺得自己很滿足、很有成就感。

當我們的兒子和女兒在高中時，老師就推薦他們加入大學交響樂團（University of Lethbridge Symphony Orchestra），擔任第一小提琴手。因為這個樂團是社區型，每年要安排去 Alberta 省南部其他城市演出數次。每次遇到這種演出，都是午夜過後才回到家。有一次音樂老師告訴我們：「可憐的 Tim，在汽車上大家都在休息，而他卻一路都在寫作業。」有時遇到天候不佳，我太太總是在家中焦急地等待，直到他安全回家。

他們母子會如此親近，我想是媽媽全心為兒女付出的結果。她總是期盼著每月的交響樂團演奏會趕快到來，可能也是與兒女有關吧。除了幫助兒子和女兒上音樂課外，她還設法替他們報名拿游泳課。連她自己也很努力學習游泳，以便帶她的孩子課後練習游泳（圖：51a, b）。

我真慶幸有一位這麼會持家而有耐心的太太，使我能夠安心地從事學術研究工作。

(2) 擴展研究計畫

1981 年秋離開 Morden 農業試驗所，來到 Alberta 省 Lethbridge 農業試驗所服務，負責牧草、紅花、豆類和甜菜等作物病害研究。我的研究領域比在 Morden 時只研究單一作物（向日葵）和單一病害（菌核病）要寬廣得多。

苜蓿（Alfalfa）是北美最重要的豆科牧草（圖：55a, b），而苜蓿黃萎病（Verticillium wilt of alfalfa）是 1970 年代末期在北美發現的新病害（圖：55c, d），很多研究機構，如大學、政府機構和私人公司，都相繼投入資金參與本病之研究。加拿大農業部選定 Lethbridge 農業試驗所負責主導本病之研究計畫，而我過去研究的向日葵菌核病（病原菌：*Sclerotinia sclerotiorum*）也危害 Alberta 省多種農作物，包括油料作物（Oilseed crop）如紅花（safflower）、油菜（即芥花，canola），豆類作物（Pulse crop）如菜豆（common bean）、豌豆（pea），和飼料豆科牧草（Forage legume）如苜蓿（alfalfa）等，造成嚴重經濟損失。

我到任不久，所裡負責紅花育種的 Dr. Henning Muendel 以及負責豆類育種的 Dr. Gavin Kemp 相繼來辦公室找我，要求我和他們合作研究菌核病抗病育種計畫。我心想被請來本所的首要任務是要開發苜蓿黃萎病研究計畫，因此對他們的提議表示有興趣但不敢答應。未料在年終研究計畫審查會議時，這兩位育種人員卻當場向 Dr. Atkinson（副所長兼會議主持人）和幾位組長要求我提供人力支援他們的紅花和菜豆菌核病抗病育種計畫。

只見 Dr. Atkinson 回應說，所方請我來是要我專心開發「苜蓿黃萎病研究計畫」，他們不能干擾我，除非我的苜蓿黃萎病研究計畫有正面進展。於是我到 Lethbridge 試驗所第一年只專心投入苜蓿黃萎病的研究工作。

當時主持苜蓿育種的研究員 Dr. Mike Hanna 告訴我，他們已在進行抗病育種工作，並帶我參觀正在「人工氣候室（Phytotron）」裡的抗病篩選試驗。我覺得他用陶土花盆裝泥土種植苜蓿的篩選方法不但費工費時，而且浪費能源，我遂請我的助理以試驗所溫室現成的栽培介質「Cornell Peat-Lite Mixes」取代土壤，和用可以開闔的「Rootrainers Books」取代陶土花盆，來進行苜蓿黃萎病抗病篩選試驗（圖：56b）。這個方法比育種同仁所用的方法好得多，因它不但輕便，而且

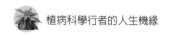

還可以增加單位面積篩選株數，縮短篩選時間和減少能源消耗等。

我請該育種人員 Dr. Mike Hanna 來看我的試驗，並建議他改用我的方法，以加速本所苜蓿黃萎病抗病育種工作。未料他卻表示他對自己的篩選方法很滿意，不想改變。我只好請助理再把我的篩選試驗重做一次，結果也很好。於是我再請這位育種同仁來看我的試驗，這一次他仔細看了試驗後，發現我的抗病篩選方法的確比他的方法優越得多。因此，他決定改採用我的方法進行抗病篩選試驗，並要求我的助理幫他準備篩選所需的病原菌材料。

透過兩個團隊的合作，很快就育成加拿大第一個抗黃萎病的苜蓿新品種，我們兩人共同將這一新品種註冊命名爲「Barrier」（文獻：4）。隨後我們又發現這一抗病篩選方法沒人報告，於是將整個篩選方法細節和優越性刊登在學術期刊（文獻：28）。

第一個抗黃萎病的苜蓿品種育成給了我們很大的信心，繼續努力研發苜蓿新品種。1986 年，我們向一農民租用了兩英畝的苜蓿病田，用來比較不同苜蓿品種（Variety）和品系（Line）的黃萎病抗病性和牧草產量。該項田間試驗長達七年。

按照租約的規定，這位農民每年在苜蓿生長季節，他要負責幫我們灌溉這塊試驗田。藉灌溉時間，他總會巡視一下各試驗小區裡的苜蓿生長和黃萎病發生情形。有一天，他突然來我辦公室告訴我他發現我們租的那塊地裡，有幾個小區苜蓿生長特別好，黃萎病植株也特別少（圖：56c）。他問我那是什麼品種？他想買這一品種的種子回去種。我告訴他那幾個小區都是我們育成的新品系，還在試驗當中，要等到將來向政府註冊命名後，才可以授權給種子公司生產種子賣給農民。他聽我解釋後，很失望地離開我的辦公室。

經過長達七年的田間試驗，我們又註冊了兩個抗病、豐產的苜蓿新品種，AC Blue J（文獻：1）和 AC Longview（文獻：2），提升了加拿大苜蓿的經濟效益（文獻：54）。加拿大農業部把這三個抗病品種註冊授權給種子公司生產、販售。每年種子出售後，把部分權利金（Royalties）分配給研發人員，用來僱用暑期工讀生等。

記得 1981 年剛調來 Lethbridge 農業試驗所時的年終計畫審查會議時，副所長 Dr. Atkinson（會議主持人）當面拒絕紅花和茶豆育種人員讓我協助他們的菌核病

抗病育種計畫的請求。但是他在主持另一次年終計畫審查會議，聽了我們報告第一個苜蓿新品種「Barrier」育成的報告時，神情顯得有點激動。會議結束後，他隨即來我辦公室，恭賀我這麼快就對苜蓿黃萎病有很好的研究進展和成果。離開前他還特別對我說：「以後你可以協助本所育種人員開發紅花和菜豆菌核病的研究課題了。」

因為菌核病菌（學名：*Sclerotinia sclerotiorum*）在加拿大西部不但危害向日葵，而且也危害很多重要經濟作物，包括豆類作物（Pulse crops）如菜豆、豌豆和其他油料作物如紅花（Safflower）、油菜（即芥花 Canola）等。所以除了繼續專注於苜蓿黃萎病的研究之外，我決定把紅花、菜豆菌核病的研究也納入我的年度工作計畫，以便支持本所的紅花（圖：66）和菜豆（圖：65）抗病育種工作。

從那時起，我在 Lethbridge 農業試驗所的抗病育種研究工作，一路順遂。在加拿大農業部服務期間，我和育種人員共同註冊了二十六個抗病、豐產、優質的作物品種和四個優良品系，包括苜蓿、菜豆、紅花、向日葵等作物。

除了抗病育種，我的作物菌核病研究計畫也很快擴展到「生物防治」和「菌核發芽、存活、越冬」等領域。我把在 Morden 農業試驗所分離的重寄生真菌 *Coniothyrium minitans* 用來防治向日葵萎凋病（圖：42）、菜豆和豌豆（圖：67）果莢腐爛病，效果很好。這些研究計畫吸引不少國內外學者的注意，連兩家加拿大公司也先後出資與 Lethbridge 農業試驗所合作研發這一重寄生真菌的開發應用。

我在 Lethbridge 農業試驗所之所以有這麼大的研究空間，應該都是因為所裡的歷任領導如 Dr. Tom Atkinson、Dr. Gordon Dorrell、Dr. Bernie Sonntag 和 Dr. Steve Morgan-Jones 等對我的信任與支持的結果。

Dr. Atkinson 顯然對我在 Lethbridge 農業試驗所的工作表現感到驕傲。2006 年，我從 Lethbridge 農業試驗所退休，他應邀在退休餐會上致辭，開口第一句話是：「你們大概都還記得吧，Henry（我的英文名）是我當年把他從 Morden 請來本所的……」，大家聽了哄堂大笑。演講完畢，他還站在台下不停地叮嚀著我（圖：110），使我內心深深地感受到他對我的支持，自始至終不遺餘力。

在 Lethbridge 農業試驗所服務期間（1981-2006 年），除了聚焦於蓿苜黃萎

病以及菜豆、紅花和向日葵菌核病等病害的抗病育種工作，我還針對這兩個病害的病原菌進行一系列的基礎研究，以了解它們的基本生物特性和研發其他新的防治對策。

例如我到 Lethbridge 試驗所後不久，到市區附近的苜蓿田調查黃萎病的發生情形。結果發現高大的苜蓿植株下面隱藏著許多枯死的矮小苜蓿植株，莖桿上好像有發霉的現象。我採集了一些枯死植株，用立體顯微鏡（Stereomicroscope）和掃描電子顯微鏡檢查，發現莖桿表面的黴菌大多數是典型的輪枝菌病原菌（*Verticillium albo-atrum*）（圖：55c, d）。莖桿表面的黴菌經過分離、純化後，接種在苜蓿上，證實它是引起苜蓿黃萎病的病原菌。

另外，在田間我又觀察到有很多蚜蟲（Aphid，學名：*Acyrthosiphon pisum*）在發霉的苜蓿莖桿上爬行。於是我就和昆蟲組研究員 Dr. Alex Harper 討論合作，探討蚜蟲是不是傳播苜蓿黃萎病的媒介昆蟲，由他負責去病田採集蚜蟲和鑑定蚜蟲，我負責進行病害傳播試驗。結果證實蚜蟲是很有效的苜蓿黃萎病媒介昆蟲（圖：57c, d；文獻：17）。

因為除了蚜蟲，苜蓿還有很多其他害蟲，所以我建議 Dr. Harper 去 Alberta 省南部的苜蓿黃萎病田採集昆蟲回來，由他鑑定採回昆蟲種類，然後再由我來測試那些種類的昆蟲身上攜帶的苜蓿黃萎病病菌。結果發現苜蓿病田中有很多種昆蟲都會攜帶黃萎病菌，但是只有少數種類的昆蟲如苜蓿象鼻蟲（Alfalfa weevil，學名：*Hypera postica*）具有較高的傳播病害能力（文獻：5）。

有一天，我和 Alberta 省政府的農業推廣人員一起前往靠近美國邊界的苜蓿田調查苜蓿黃萎病。剛走進一塊苜蓿田時，見成群蝗蟲（Grasshopper，學名：*Melanoplus sanguinipes*）突然飛起，所有苜蓿葉都被蝗蟲吃光，只剩枝條（圖：58a），地上也鋪滿蝗蟲糞便。

回試驗所後，我立刻去和 Dr. Harper 討論做一室內實驗來證明蝗蟲糞便是否能夠傳播苜蓿黃萎病菌？我們把蝗蟲分為兩組，一組餵飼健康的苜蓿葉，另一組餵飼苜蓿黃萎病葉，每天用培養基檢查蝗蟲排泄的糞便。結果證明苜蓿葉片中的黃萎病菌可以在蝗蟲消化道中存活，並存在於排泄的糞便中（圖：58b-d；文獻：19）。進一步實驗又證明黃萎病菌在蝗蟲消化道中存活是「非持久性（Non-persistence）」，因為如果用健康的苜蓿葉取代病葉餵飼蝗蟲，則蝗蟲排泄糞便中病原菌很快下降，幾天後就全部消失。

苜蓿除了用於生產牧草之外，苜蓿種子生產也深具經濟重要性。可是因為苜蓿的自花授粉率極低，必需靠苜蓿切葉蜂（Alfalfa leafcutter bee，學名：*Megachili rotundata*）傳粉才能商業生產苜蓿種子。所以在 Alberta 省的苜蓿種子生產區有很多商業的養切葉蜂人家，專門替生產苜蓿種子的農民服務。

每年在苜蓿開花期，他們把很多蜂箱放在田裡，每一蜂箱按照雄蜂和雌蜂的比例放一定蜂數。在田間，雄切葉蜂大多於交配後不久死亡，而雌切葉蜂會切苜蓿葉（圖：59c-e），並將切下的小葉片帶回蜂箱做繭，在每一繭中產一卵。每一粒繭由十幾片小葉片做成。苜蓿種子生產季節結束時，養蜂人家會將蜂箱裡的蜂繭（圖：59b）收集起來，作為來年田間放蜂的材料。

我和 Dr. Harper 發表那幾篇昆蟲傳播苜黃萎病的報告（文獻：5, 17, 19）也引起昆蟲組 Dr. Ken Richards 的興趣。他負責切葉蜂研究計畫，希望和我合作探討苜蓿切葉蜂是否可以在苜蓿黃萎病田裡把病葉切下，用它來做繭。於是我們向附近農民租用一英畝有苜蓿黃萎病的田進行這個實驗（圖：59a）。結果發現切葉蜂在苜蓿田傳粉和授粉過程中，會從苜蓿黃萎病株剪取病葉（圖：59d）並將它帶回蜂巢做繭（文獻：18）。

另一個實驗，我們把放飼養於苜蓿黃萎病田中的雌切葉蜂採集回來，用掃描電子顯微鏡（Scanning Electron Microscope）檢查，結果發現切葉蜂的體表有很多病原真菌的孢子存在體毛基部凹陷處（圖：60d-f）。這說明切葉蜂藉授粉過程有可能把身上攜帶的黃萎病菌孢子傳播到健康植株（文獻：23）。

自從發現切葉蜂會攜帶和傳播苜蓿黃萎病菌以後，我開始懷疑這一傳粉昆蟲是否可以攜帶有益真菌用來防治作物花器和果實的病害。為了這方面的研究，我用 Alberta 省政府補助經費請一位博士後研究員幫助，用拮抗真菌 *Clonostachys rosea* 防治苜蓿果莢和種子灰黴病（Gray mold，學名：*Botrytis cinerea*）的研究，為期三年。

我們訂製二十五個紗網帳篷進行田間試驗（圖：63）。因為苜蓿自花授粉率

不高，必須靠切葉蜂授粉，才能有效生產苜蓿種子。每年於苜蓿開花初期，請養切葉蜂專家在每一帳蓬內吊掛一蜂箱並放四十隻雌蜂和二十隻雄蜂。三年試驗結果發現苜蓿植株噴灑 *Clonostachys rosea* 可以有效減低苜蓿果莢和種子灰黴病（文獻：48）。

自從發現切葉蜂攜帶苜蓿黃萎病孢子後（文獻：23），我又開始懷疑真菌是否能夠直接侵害作物的花粉粒，並藉由傳粉昆蟲如切葉蜂在授粉過程把病原菌感染的花粉傳播到花朵。為了解答這問題，我就和電子顯微鏡實驗室負責人 Eric Kokko 討論這一基礎研究的可行性。

決定合作之後，我先做一實驗，用光學顯微鏡觀察到苜蓿黃萎病的菌絲有侵染苜蓿花粉的現象，並將這些材料交給電子顯微鏡實驗室做進一步處理，用掃描電子顯微鏡（SEM）和穿透式電子顯微鏡（TEM）觀察和照相。

結果證實苜蓿黃萎病菌不但會以菌絲侵入苜蓿花粉粒，而且能夠在花粉粒中生長和繁殖（圖：61a, b；文獻：22）。這個新發現使我們更好奇其他真菌，包括病原真菌與非病原真菌是否也可以侵害其他植物的花粉？

為了證明這一點，我們做了很多電子顯微鏡觀察，結果發現真菌侵害花粉是一種很普遍的現象。例如棉花黃萎病菌（學名：*Verticillium dahliae*）會侵害棉花的花粉（文獻：49）；菌核病菌（學名：*Sclerotinia sclerotiorum*）會侵害苜蓿（文獻：37），油菜（文獻：38）和豌豆（文獻：32）等作物的花粉；以及灰黴病菌（學名：*Botrytis cinerea*）會侵害苜蓿花粉（圖：61c, d；文獻：39）。這一系列電子顯微鏡研究顯示真菌侵害植物花粉是一很普遍的現象，甚至非植物病原真菌如 *Coniothyrium minitans* 也會侵害苜蓿的花粉（圖：62a, b；文獻：43）。

這一系列的報告，開創了真菌與花粉關係研究新領域。例如我們是否能夠利用蜜蜂、切葉蜂等傳粉蟲攜帶拮抗菌等有益微生物來防治蔬菜、果樹花器或果實病害？這一新領域的研究有待後進繼續努力。

以上這些蝗蟲傳播苜蓿黃萎病實驗也引起試驗所昆蟲組另一位同事 Dr. Dan Johnson 的注意。他是負責草場蝗蟲生態與防治等研究項目。有一天我告訴他我實驗室有一「蟲生真菌（Entomogenous fungus，學名：*Verticillium lecanii*）」會

殺死害蟲如蚜蟲和蝗蟲等。因此建議他合作研究蝗蟲的生物防治，由 Dr. Johnson 負責準備兩種蝗蟲（學名：*Melanoplus bivittatus* 和 *M. packardii*），我負責準備蟲生眞菌（*Verticillium lecanii*）材料。

我們把五十個長、寬、高各 1 公尺的網箱放在試驗所的小麥草（*Agropyron cristatum*）的草場上，把培養在麥麩上的蟲生眞菌放在草場供蝗蟲吃食，然後定期調查蝗蟲致死率。結果顯示第十五天從草場收集的蝗蟲中，已經有 48% 的蝗蟲受眞菌侵染而死亡（文獻：47）。

由於「昆蟲傳播苜蓿黃萎病」是本試驗所的新發現，在年終計畫審查報告時，這一項研究課題也引起動物組研究員 Dr. Bob Hironaka 的興趣。有一天他告訴我他養了一群綿羊做動物營養研究（圖：64a），如果我有興趣，他可以提供兩隻給我做苜蓿黃萎病菌在綿羊消化道中存活的實驗。

我們決定立刻進行這項合作計畫，由他的助理負責每天用尿布分別收集兩隻綿羊排泄的糞便。我的助理負責去田間採集罹患黃萎病的苜蓿莖桿和葉片，晒乾後作爲綿羊的飼料，以及負責檢查每天收集的綿羊糞便顆粒中是否有黃萎病菌存在。

實驗結果顯示苜蓿黃萎病菌可以在綿羊的消化道中存活，那兩隻綿羊用苜蓿黃萎病乾草餵飼兩天後所排出的糞便就可以分離到病原菌（文獻：24）。可是我們發現病原菌在綿羊的消化道中也是「非持久性（Non-persistence）」，因爲如果把苜蓿黃萎病乾草改爲大麥（barley）飼餵，每天採集的糞便中病原菌急速下降，以致兩天後全部消失（文獻：24）。

除了綿羊糞便實驗，Dr. Hironaka 又告訴我動物組飼養乳牛（圖：64b）的牛棚外面有一堆 1 公尺多高的牛糞，我們可以用它來研究苜蓿黃萎病菌在牛糞堆的存活現象。這個實驗結果顯示苜蓿黃萎病株莖桿埋在牛糞堆表面（1-3 公分深），經過六星期，莖桿中的黃萎病菌存活率仍很高（93%），但是莖桿埋在 10 公分或更深處，經過六星期，莖桿中的黃萎病菌全數死亡（存活率 0%）（文獻：24）。

從我與 Lethbridge 農業試驗所多位同仁共事的經驗，使我深深感受到團隊合作研究的重要性。最重要的是合作研究可以善用合作者的專長和資源，使整個研

究可以達到事半功倍的效果。例如我和昆蟲組研究員合作，不必準備昆蟲材料或學習如何辨識切葉蜂的雌雄等問題；和動物組研究員合作，不必每天替綿羊包尿布收集排泄物；以及和電子顯微鏡實驗室的技術員合作，交由他們專業處理材料和照相等。

更重要的是，通過學術研究的共同興趣，自然會成為好朋友。例如 Dr. Mike Hanna、Dr. Alex Harper 和 Dr. Bob Hironaka 等人，退休以後還經常來試驗所找我聊天，談談往日共同研究和發表論文的那段美好時光。

除了在研究過程中得到更多友誼之外，我的研究發現也獲得加拿大植物病理學會的肯定而頒發給我「傑出研究獎」（圖：111a, b）。因為這是該學會的最高獎項，加拿大植物病理學會要求我寫一篇專論〈Verticillium wilt of alfalfa: Epidemiology and control strategies〉，刊登於《加拿大植物病理學報》（文獻：44）。

(3) 政府政策調整創造對外合作機會

在 1980 年代，我們所有的研究經費均由加拿大聯邦政府的年度預算（A-Base Funds）提供。我們不允許接受外部機構（例如省政府和私人公司）提供的研究資金。例如 1970 年代末期，苜蓿黃萎病在北美發生流行，對苜蓿生產造成嚴重威脅。因為當時北美商業栽培的苜蓿品種對黃萎病都不具抗病性，所以在美國有許多私人公司相繼成立了育種計畫，開發抗黃萎病的苜蓿新品種。

我記得在 1984 年，美國明尼蘇達州的一家苜蓿公司主管和一名育種專家來 Lethbridge 試驗所學習我們的「苜蓿黃萎病室內快速抗病篩選技術」（文獻：28）。他們在試驗所約停留一個月，利用所裡的材料和設備，親自操作和了解該篩選技術的細節。

在他們結束訪問時，他們要付款給我們的政府，用以補償我們設施費、材料費以及人力和時間等費用。但是，我們所長不能接受這筆錢，因為聯邦政府禁止我們接受任何外部資金來支持我們的研究計畫。為了表示感謝，該苜蓿公司主管和育種專家送給我們兩頂帶有他們公司徽章的帽子，一頂給我，另一頂給我們的苜蓿育種專家，留做紀念。所以那些年，我們都以聯邦政府分配的預算來執行研

究計畫。

　　加拿大聯邦政府於 1993 年 10 月 25 日舉行第三十五次大選，結果自由黨獲勝。這一次大選最重要的議題是改善經濟，因為 1990 年代初期的經濟衰退，失業率高，聯邦政府的赤字年年增加。因此自由黨獲勝後立刻宣布執行聯邦政府削減赤字計畫，其中包括公務員大量裁員。

　　按照聯邦政府規定，公務員未滿五十五歲退休，要受減少退休金給付的處罰。但是這一次如果願意退休，即使才五十五歲，不但不會受罰，而且還可以領優退獎金。這是我在加拿大農業部服務期間遇到的唯一一次裁員計畫。聽說 Lethbridge 試驗所要裁減數十位員工。因此大選後兩週，每天全所氣氛都很低迷，只見各組組長每天忙著在各個辦公室穿梭。

　　當時我已接近五十五歲，所長 Dr. Bernie Sonntag 約我去他的辦公室面談。他說：「你已合乎優退年齡，如果願意現在退休，我們可以給你辦理優退。不過看你優越的紀錄，你可以繼續做到不想作為止。」過幾天我的組長 Dr. Gilles Saindon 也怕我不安，特地來我的辦公室，半開玩笑地對著我說：「你放心，你可以做到死。」後來我在農業部服務直到六十七歲（2006 年）才退休，比六十五歲屆齡退休的規定多了兩年。

　　退休前所方於 2005 年把我的紀錄送給「全國首席研究員升等委員會（Promotion Committee of Principal Research Scientist）」審查通過，授予我「榮譽首席研究員」的頭銜。我接受農業部長 The Honourable Chuck Strahl 頒獎（圖：111d, e），也收到 Dr. Gordon Dorrell 和 Dr. Gilles Saindon（已升調到總部擔任助理副部長）從總部寄來的賀信。

　　自從 1990 年代，聯邦政府研究資金來源發生了巨大轉變，政府准許研究人員申請其他政府機構（如省政府）和私營企業（如農民團體、Alberta 省豆類種植協會、Manitoba 省豆類種植協會等）的補助，用來擴展他們的研究計畫。因此研究成果越出色，越容易吸引到外來的補助，並用這筆經費聘請技術助理、工讀生、研究生或訪問學者等。例如，我 1970 年代在 Morden 試驗所發現的「重寄生真菌（Mycoparasite）*Coniothyrium minitans*」（文獻：9, 11），先後獲得兩家公司

的補助，包括 Philom Bios（Saskatoon, Saskatchewan, 1986-1988）和 Agrium Inc.（Calgary, Alberta, 1994-1998）。這兩家公司都希望把這一重寄生眞菌 Coniothyrium minitans 開發成商品，作爲生物殺菌劑（Biofungicide），可惜都沒有成功。雖然兩次在加拿大的商業開發都失敗，但他們仍然高度肯定我的研究。

例如 2003 年，Philom Bios 公司總裁 Mr John Cross 得知我獲得「加拿大植物病理學會傑出研究獎」的消息後，特地寄一封手寫的祝賀信給我（圖：112）。後來德國一家公司 Prophyta Company（Malchow, Germany），於 1998 年成功地把這一重寄生眞菌開發成商品，並以註冊商標名「Contans® WG」在歐美地區很多國家販售。

自從聯邦政府開放研究人員對外申請研究資金以後，我的研究計畫總共獲得了五十八項外部經費補助，大大地擴展了我的研究領域和提升了我的研究成果。

政府開放申請外部研究資金政策，也影響動物組一位首席研究員——鄭國展博士（Dr. K. J. Cheng）。他負責研究應用微生物提高反芻動物消化牧草功效等領域。他的研究很出色，因此獲得多筆外部資金，用來聘請訪問學者、博士後研究員和研究生等。

有一天，鄭博士在咖啡廳喝茶聊天時，他對著同桌的人說他打算用一筆研究計畫補助經費派一名博士後研究員到亞洲國家，收集高產酶的微生物，並利用這些酶作爲飼料添加物，以提升動物飼料的消化效率。聽了他的話，我問鄭博士：「爲什麼要花這麼多錢去亞洲國家收集微生物菌種？我的實驗室抽屜裡就有你要尋找的『益生菌（Probiotics）』。」同桌的所有人聽了我的話之後哈哈大笑。

喝咖啡休息時間過後，鄭博士突然來到我的辦公室，告訴我下週有一位來自韓國的訪問學者要在他的實驗室做短期研究。他問我是否能夠把剛剛在咖啡廳提到的那一菌株，提供給他這位韓國學者測試一下該菌株的酵素產量。

我敢在咖啡廳裡誇口說那一句話，是因爲我私自推測實驗室的菌株 Coniothyrium minitans，既然會寄生在向日葵菌核病的菌核並殺死菌核（文獻：11），一定是靠分泌多種酵素來分解菌核的細胞壁。所以我就請助理培養一 Coniothyrium minitans 菌株交給鄭博士做實驗。鄭博士把該菌株交給新來的韓國訪問學者做實驗。不久後的一個星期日下午，我突然接到鄭博士從試驗所打來的電話。他告知

這位韓國學者用我給他的菌株進行實驗，果然發現該菌株的確能分泌很強的酵素。他要我立刻去試驗所看實驗結果。

我趕到鄭博士的實驗室看了實驗結果後，兩人都很興奮。鄭博士當場表示，他剛從荷蘭（The Netherlands）請來一位博士後研究員 Dr. Jennifer Zantinge，下週會來報到，預定在他的實驗室三年。他建議我們把「Coniothyrium minitans 產生酵素」的研究課題交由這位研究員負責。於是我們招集所裡兩位同仁合作開始進行研究，結果發現這一 Coniothyrium minitans 菌株的確具有酶活性，包括 β-1, 3- 葡聚醣酶（β-1, 3-glucanase）和木聚醣酶（Xylanase）的活性。

這個真菌酵素研究課題非常有成效，在長達十年的合作研究期間（2000-2010 年），我們取得了七項專利和發表多篇論文。後來鄭國展和我想進一步研究，把這一 Coniothyrium minitans 菌株開發生產 β-1, 3- 葡聚醣酶（β-1, 3-glucanase），但是結果發現這一菌株酶產量不如當時的商業用菌株，因此這一商業生產酵素的研究計畫就此停止。

從和鄭國展多年合作經驗中可以看出「創造性思維」是每一研究員的成功要件之一，因為科學的進步，很多是出於人類的「好奇」本能。誰能料到當年在咖啡廳和鄭國展那一不經意的聊天，竟然會創造出如此豐碩的研究成果！

(4) 與訪問學者和研究生互動

記得 1981 年剛從 Morden 農業試驗所轉到 Lethbridge 農業試驗所不久，副所長 Dr. Atkinson 接到曼尼托巴大學（University of Manitoba）植物病理教授 Dr. Roger Rimmer 寫給他的一封信，詢問是否能夠送一研究生 Debbie McLaren 到我的實驗室做「向日葵菌核病生物防治」博士論文。Dr. Atkinson 給 Dr. Rimmer 的回信說明歡迎送研究生來我實驗室做論文。同時他在信中還特別提到本所曾經有過研究生，可是植物病理研究生還是本所的首例。可見 Dr. Atkinson 以我受聘為該大學兼任教授為榮。

從那時起陸續有來自台灣、中國、法國等地的人在我的實驗室當訪問學者，做碩士、博士論文，或博士後研究。在此舉幾個例子說明我和研究生互動的經驗。

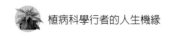

第一個例子是加拿大的 Debbie McLaren（圖：46b）。

她自曼尼托巴大學園藝系畢業後，即加入加拿大農業部 Morden 農業試驗所擔任我的研究助理。她的主要任務是協助我研究向日葵菌核病防治。除了室內實驗和田間試驗外，每年秋天向日葵成熟時，她還要和我去全省向日葵產區調查向日葵病害（圖：81a）。

可是一年多後，她突然進來我的辦公室對著我說她對我的「向日葵菌核病研究計畫」深感興趣，希望我收她為碩士研究生。因為那時我發現 *Coniothyrium minitans* 是重寄生真菌（Mycoparasite）。它會寄生在菌核病菌（*Sclerotinia sclerotiorum*）的菌核（Sclerotia），進而殺死菌核（圖：41a, b）。因此我給她一論文題目「向日葵菌核病生物防治之研究」，她花了兩年取得碩士學位。

有趣的是當年她對我說只想要碩士學位，但是拿到學位後卻又來對我說她已獲得三年獎學金，希望能繼續深入研究向日葵菌核病生物防治。那時我已調到 Lethbridge 農業試驗所服務。她在 Lethbridge 進行研究，三年後順利取得博士學位。畢業後受聘為聯邦政府農業部 Brandon 農業試驗所研究員。她擔任研究員期間也一直從事菜豆和油菜菌核病之研究，並把研究課題延伸到其他領域，如病害流行（Epidemiology）等。

由 Dr. Debbie McLaren 這個例子可以看出，一個人如果認真找出自己要追求的人生目標，一定會朝著那個方向努力，越來越執著，不會輕言放棄。

第二個例子是中國武漢華中農業大學的李國慶（圖：78e）。

因為油菜是中國長江流域的重要經濟作物之一，而菌核病是該作物最重要的病害。也因為早期一位留學英國回來的楊新美教授（圖：78b）在華中農業大學研究油菜菌核病，因此該校也成為油菜菌核病的研究重鎮之一。

1989 年 5 月，我接到華中農業大學校長孫濟中邀請前往該校訪問，楊新美教授已經退休多年，由植物病理學系主任王道本教授（圖：78c）和他的研究生接待我。這是我初次和李國慶見面。他在王道本教授指導下剛完成油菜菌核病研究論文，取得碩士學位。在華中農業大學訪問期間，我除了在大學和油菜作物研究所演講之外，我幾乎每天都和研究生討論他們的研究工作。

和李國慶討論他的油菜菌核病論文時，我發現他對菌核病研究有濃厚興趣，

而且思路清晰，工作認真。訪問期間，校方安排王道本教授和李國慶陪我參觀名勝，如湖北省的黃鶴樓、歸元禪寺、東湖（圖：78e）；以及前往油菜產區，如雲夢縣（圖：78d）、應城縣和長江邊的武穴鎮等地考察油菜菌核病等。

記得去武穴鎮那一次考察，我們乘坐長江輪由重慶出發，經過長江三峽前往武穴再往武漢。在輪船上王道本教授和我同住一房間。我們一面聊天，一面欣賞沿江優美景點，如三峽等。聊天時我提到李國慶的油菜菌核病碩士論文很有深度，建議王教授考慮繼續收他為博士生。未料王教授卻說他的系（植物病理系）沒有「博士點」，不能收博士生。我回應他說：「那你就替他找一個『博士點』」。只見王教授顯得面有難色，但沒說一句話。

回到加拿大幾個月後，我突然收到王道本教授的來信告知他已經為李國慶找到了「博士點」。這個「博士點」是在華中農業大學微生物學系周啟教授的實驗室。周啟教授願意用他的「博士點」接受李國慶為博士生。因此，李國慶成為微生物系周啟教授的博士生，由周教授、王道本教授和我共同指導他的博士論文「油菜菌核病之研究」。

獲得博士學位後，他加入華中農業大學植物病理學系，從事教學和研究工作。從 2000-2002 年，我邀請李國慶博士來加拿大，在我的實驗室進行博士後研究，從事「菌核病和灰黴病的生物防治」之研究。

他和我於 1996-2011 年間共同發表了三十篇科學論文，其中二十四篇刊登於國際期刊。記得 1989 年，李國慶在華中農業大學，因為植物病理系沒有「博士點」，不得不在微生物系攻讀博士學位，但是 2011 年於武漢再見面時（圖：78f），他不但是華中農業大學植物病理學系的教授，而且是「國家重點實驗室」的成員之一。

他邀請我和黃振文教授參觀「國家重點實驗室」時，提及他的實驗室有多位碩士和博士研究生，可以看出他已經是一位成功的專業教授。誰能料到 1989 年在長江輪船上和王道本教授聊天的話，居然對李國慶的職業生涯會造成如此深遠的影響。

第三個例子是與中國保定市的河北農林科學院植物保護研究所兩位科學家馬平和李社增互動的經驗（圖：79a, b）。

　　在 1990 年代，加拿大國際開發署（CIDA）與中國河北省農林科學院簽署了一項「旱地作物栽培管理」的合作研究計畫。加拿大政府指定由 Lethbridge 農業試驗所為加方計畫執行機構。我應邀參與該計畫第二期（1996-2002 年），擔任病害、蟲害和雜草管理小組的負責人，任務之一是培訓研究生。

　　在植物病害領域，我參與指導植物保護研究所兩位研究員的論文工作，即馬平的博士論文和李社增的碩士論文。他們兩位來加拿大一年，在我的實驗室學習「作物病害生物防治」的室內和田間試驗工作。回國後兩人都以「棉花黃萎病（由真菌 *Verticillium dahliae* 引起）之生物防治」為論文題目，進行研究。

　　數年後，馬平在中國農業大學取得博士學位，而李社增則在中國農業科學院、研究生院取得碩士學位。學業完成後，馬平因研究和行政能力都很強，沒幾年就升任為植物保護研究所所長，而李社增也升為正研究員。

　　當年為了採集土壤樣本用以分離微生物作為研究材料和考察田間棉花黃萎病生物防治效果，我和幾位學生跑遍很多地方，包括河北省的保定、衡水、定興、南宮、邯鄲、石家庄、承德、豐寧、霸上、張家口以及內蒙古的呼和浩特等地。記得去定縣的路上看到馬路兩邊有很多驢拖著車，而每個農夫好像坐在車上睡覺。

　　我深怕那些驢車會被馬路上來往的車輛撞到，但同行的學生說：「放心，那些驢都會自己認路回家。農夫醒來，會發現已經在自家門口。」原來我心目中的「笨驢」（圖：80b）並不是那麼笨！

　　1996 年我第一次去保定植物保護研究所訪問。那時該所還是一棟老舊的研究大樓，所長張小風除了行政工作之外，還負責農藥方面的研究計畫。第三次再去保定訪問時，新建的植物保護研究所員工大樓已近完成，馬平告訴我所裡那一大塊棉花黃萎病的試驗田將用來蓋新研究大樓。2011 年去武漢華中農業大學開會時，聽李國慶說馬平在保定的生物防治研究工作很順利，他還把農藥實驗室改為新穎的生物防治研究室。李國慶又告訴我馬平已是生物防治研究領域的協調人，有一天他還接到馬平電話討論申請生物防治研究計畫等事宜。

　　看到這幾位學生（馬平、李國慶、李社增）順利走上事業巔峰，內心倍感安慰。當年和這幾位學生一起到定興、南宮等地棉花田考察試驗成果等情景，經常

在腦海裡出現。自加拿大農業部退休後，數度接到馬平邀請再去保定看看他現在的實驗室，可惜都沒成行，所幸兩人於 2011 年在台灣又再度重逢（圖：79d）。

第四個例子是來自台灣的訪問學者謝廷芳博士（圖：81b）。

在 1990 年代後期，我有數個研究項目由 Alberta 省政府的「Farming for the Future」基金補助，為期三年。這些研究資金可用於僱用非加拿大籍的研究人員，包括訪問學者或博士後研究生（Postdoctoral Fellow）。

2001 年，我應邀赴台灣參加 11 月 11 日至 16 日舉行的「新世紀植物病害生物防治國際研討會」（圖：13a）。那年，我有一項 Alberta 省政府補助的三年研究計畫已經到期，但是仍有一年經費尚未動用。依規定，必須把經費退回給省政府，但我沒有這麼做。我請所方寫一封信給省政府執行該基金的負責人（Director of Farming for the Future Grants），說明該款項未如期用完的原因，並請求准予使用該款項。我以為那封信的回應一定會要求我們把那筆款項退回省政府。沒想到在我即將出發去台灣開會的前幾天，副所長的祕書來告訴我，Alberta 省政府已批准我們使用該筆未按時用完的研究經費，但延長時間只限一年。

因此，我把那封信帶去台灣，準備和台灣農業試驗所所長林俊義博士商量關於聘請謝廷芳博士來加拿大當訪問學者一年的可行性。在研討會節目中，正好安排了林所長和我共同主持下午第一節的會議。在開會之前，我在第十層樓的會議廳走廊和朋友聊天，一位會議負責人曾國欽教授來告訴我林所長下午臨時要去台北開會，無法和我共同主持下午的會議節目。我聽了感到很沮喪，因為這是我和他討論聘請謝博士來加拿大的唯一機會。

但是，在會議開始前約十五分鐘，我看到林所長走出電梯，朝我們走來。在宣布會議前幾分鐘，我給林所長看 Alberta 省政府寄來的那封信，並向他表明希望用那筆經費聘請謝廷芳博士來加拿大和我合作一年。林所長沒有立即回答我，但是他立刻站起來向在會場後座的謝博士招手前來，並告訴他第二天去見所裡的行政人員。我們的對話匆匆結束，接著就宣布開始進行下午第一節的研討會。

獲得台灣政府同意謝廷芳博士來加拿大後，我立刻簽請加拿大政府發給謝博士正式邀請函。未料該邀請函發出數週後，我還沒有收到謝博士辦理簽證進度

的消息。我隨即給謝博士打電話，沒想到他卻說沒有收到加拿大農業部寄給他的信。

我做了調查，才發現該郵件丟失是因為謝博士的郵件地址上有「台灣，中華民國」（Taiwan, Republic of China）字樣。因此，我要求當局將信件重新發送，並在信封上的地址只用「台灣」，不要加「中華民國」，因為中華民國和加拿大沒有正式邦交。這件事不但給謝博士及其家人來加拿大的時間造成不必要的延誤，而且差點使我無法將這筆研究經費在一年限期內用完。

2002 年，謝廷芳博士及其家人抵達加拿大，開始了為期一年的訪問學者任期。在第一星期，我們討論到他希望在加拿大參與研究的項目時，他表示有興趣在我的實驗室從事「植物病害生物防治研究」。

但是，我告訴他，菜豆和豌豆是加拿大西部的重要經濟作物。我碰巧有幾袋農民送來的菜豆種子，其中有很多變色的種子。這是一個嚴重的檢疫病害問題，因為變色的種子將會影響加拿大豆類的出口市場。因此，我建議他研究豆類種子變色的原因和防治方法。

為了讓他認識此一新病害的嚴重性，我特地請助理開車帶他去菜豆產地實地調查。他看到很多農田裡的菜豆植株都萎凋枯死和種子變色（圖：76c, d），因此決定接受我的建議，立即開始針對該一新病害進行實驗，潛心研究。每次和他在辦公室討論研究理念後，不久就可以在實驗室、人工氣候室（Phytotron）或溫室看到他的實驗結果。

短短的一年中，他和我共同發表了十篇論文，其中九篇刊登在國際期刊，另一篇是《加拿大植物病理學報》總編輯邀請針對菜豆萎凋病而寫的評論（文獻：46）。謝廷芳是中興大學黃振文教授的高徒，他的科研能力從他在加拿大一年的工作表現中再度得到印證。

回想起來，邀請謝廷芳博士來加拿大是通過一波三折。我想知道，如果我離開加拿大之前沒有收到 Alberta 省政府批准延長使用該筆資金那一封信，以及如果林俊義所長沒有來和我共同主持那一場研討會，我就沒有機會和他面對面討論謝博士來加拿大的問題。又如果我沒有及時發現第一封邀請信丟失的事，或者如果當年沒有及時克服那些障礙，真不知道今天謝博士和我之間的關係會是什麼樣？

這些問題的答案是不是告訴我們人世間好像存在著一種東西叫做「緣分」？

(5) 訓練研究助理和暑期學生

以上幾個例子可以看出每個研究人員都希望能順利地進行研究，從中獲得科學新知。然而要想研究成功，研究員本身不僅需要有創新思維、充分了解計畫的詳細內容和過程，而且還要有可靠的助手如研究助理、技術人員、學生等協助執行計畫。在這裡，我用兩個例子來說明我與研究助理的互動經驗。

第一個例子是 Eric Kokko（圖：81c），他在農業部的職業分類是生物學家（Biologist），負責管理 Lethbridge 農業試驗所電子顯微鏡和影像分析儀實驗室的運作。

他對穿透式電子顯微鏡（TEM）和掃描電子顯微鏡（SEM）的操作和保養有豐富的經驗。他也負責訓練在他實驗室工作的技術人員和暑期工讀生。從我1972-1974 年在 Saskatoon 的研究經驗中，我了解到用電子顯微鏡能觀察的樣本（Specimen）非常小，如果沒有選擇正確的樣本，則後面的一切處理、檢查和照相等時間和努力都是白白浪費，整個實驗也注定會失敗。

因此，使用電子顯微鏡作為研究工具，一定要先了解如何選擇你要觀察的小樣本作為研究材料。在 1980 年代初，我調到 Lethbridge 農業試驗所不久，發現昆蟲（蚜蟲）能夠傳播苜蓿黃萎病的病原真菌（文獻：17）。我想進一步用電子顯微鏡觀察蚜蟲攜帶病原真菌的現象，於是就和 Eric Kokko 討論合作研究的可能性。他對我的提議非常感興趣，決定和我合作。

於是我去苜蓿田取回越冬的枯死病株，放在低倍立體顯微鏡（Stereomicroscope）下，請 Eric Kokko 檢查莖桿表面發霉情形，了解我們要選擇的材料作為掃描電子顯微鏡（SEM）樣本。他回實驗室開始進行這項研究計畫，幾個月後就拿初步研究的照片（圖 55d）來和我討論。再過不久研究工作結束，將新的發現發表在科學期刊上。1983-2003 年之間，Eric Kokko 和我以電子顯微鏡為工具，共同發表了十九篇深具創新性的論文，大大地延伸了研究課題的深度和廣度。

我和研究助理的互動的第二個例子是我的助理 Scott Erickson（圖：81d）。

他擁有兩個碩士學位，善長數學和英文寫作。他在我的實驗室主要職責是技術支援研究計畫。每次做完一個實驗，他必須把收集的實驗資料做初步整理，然後交給我做進一步實驗數據統計分析和結果書寫等工作。每次他把實驗資料繳給我時，我發現他對實驗資料統計分析和論文寫作方面都有濃厚興趣。

因此，我建議他進一步參與研究資料的統計分析和論文撰寫工作，我願意把他的名字加入該論文的共同作者。他欣然接受我的建議，也因此對每一項研究課題的執行更加投入。Scott Erickson 的領悟力也很強，開始寫科學論文有點陌生，但是寫一兩篇後就很快上手。

有了他的幫忙，我有更多時間整理積壓在檔案櫃中的研究資料。在 1997-2010 年間，Scott Erickson 和我共同發表了五十篇期刊論文。

我和 Scott Erickson 的互動期間使我深深體會到培養一位優秀技術助理，研究員本身的訓練也很重要。他不但要了解計畫細節，而且要知道如何耐心地把知識和技術傳授給助手。

例如，1970 年代我在 Morden 農業試驗所從事向日葵菌核病研究時，我發現了一種新型的菌核，取名為「異常菌核（Abnormal sclerotia）」。我在 1982 年發表的文章中說明「異常菌核」的內部構造與「正常菌核（Normal sclerotia）」不同。把菌核切開，「正常菌核」的內部中髓組織（Medullary tissue）是白色，而「異常菌核」的中髓組織則變成褐色（圖：72a, b；文獻：16）。

在 Lethbridge 農業試驗所，我每年會帶著助理去 Alberta 省的向日葵栽培地區調查菌核病，並順便採集菌核回來實驗室檢查，結果每年在檢查樣本中都有極少數異常菌核的存在。

作物菌核病是一種世界性病害，病原菌能危害百種以上農作物，包括向日葵、油菜籽、紅花、萊豆、豌豆、甘藍、胡蘿蔔、南瓜、苜蓿等。有一年（2000年），我的實驗室正好有來自法國和中國的訪問學者、博士生和加拿大的暑期工讀學生。我想藉這個機會教他們辨識「異常菌核」的方法，希望他們回國後，可以用同樣方法調查「異常菌核」是否存在他們的國家。

於是我就請我的研究助理 Scott Erickson 帶一位工讀生開車去 Alberta 省的向

日葵產地，選擇兩塊田，把向日葵「菌核爛頭病」植株採回來再將夾雜在腐爛組織中的菌核取出，分裝兩盆，每盆約數千粒菌核。

我的助理把這兩盆菌核帶到我的辦公室，問我下一步要做什麼？我回答說：「請把兩盆菌核交給實驗室所有成員，要求他們用我描述的方法（文獻：16）找出異常菌核。一週後，我的助理 Scott 來辦公室告訴我他們找不到任何異常菌核。我要他回去再仔細找一次，但是他們還是找不到。

於是我就去實驗室，詳細查看那兩盆菌核之後，隨手拿出一粒交給助理用刀切開，果然是一粒中髓組織變成褐色的「異常菌核」。大家看了都感到非常驚訝。我再繼續挑選幾粒菌核，切開後又是異常菌核。結果引起全實驗室的人一陣騷動，並問我怎麼樣能夠找到這種菌核？

我藉機給他們上一課，強調做實驗不但要用心，還要有敏銳觀察力，從失敗中累積經驗，直到實驗成功為止。我不必將菌核切開就能判斷一粒菌核是不是異常菌核，是因為我從多次觀察菌核的髓組織變褐色是因為組織壞死，乾燥後會使菌核表面皺縮，而中髓組織白色的正常菌核表面比較光滑。

這件事不但告訴我細心觀察對科學研究的重要性，而且也告訴我訓練助手要有耐心。

自加拿大農業部退休後，我於 2008 年前往台灣農業試驗所服務，並受聘為中興大學兼任講座教授。該校有一「通識講座」課程，負責人林益昇教授邀我於 2008 年 3 月 28 日前往演講，題目是「學習、創作和追求人生的完美（Learning, Creation and Pursuit of a Beautiful Life）」。

演講當天，大禮堂坐滿學生，前排也坐著多位年輕教授。演講中，我談到「學習」對個人職業生涯成功的重要性並強調研究員與助理或學生互動時，不要太在意他們犯錯，給他們機會盡快從錯誤中學習。在矯正錯誤的過程中，他們的思路會更加靈敏清晰。我們做研究的每一次實驗，往往會失敗，所以要學習如何從失敗中站起來重新出發。因此，一位成功的研究員必須要學會創造一個環境，讓他所帶領的團隊成員能夠「安心犯錯」，盡早改正錯誤。

在演講中，我也強調科學家每一新發現就好比藝術家的每一新創作，它不只需要靠各人的「天分」，而且還要加上「勤奮」和「機遇」，才能夠創造出輝煌

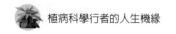

的成果。

誠如畫家黃永玉曾說：「一個人有天分，這是他的運氣。而天分、勤奮和機遇一旦走到一起，便會是美妙的結合。一個人到了這種境地，還有什麼話好說呢！」是的，像這種人眞的不成功也難！

那一場演講，我以爲大家都不把它當一回事，沒想到過了不久，有一次在中興大學餐廳參加宴會時，我去向老師們敬酒，其中一位年輕教授陳啓予突然站起來對著我說：「老師，你那天的演講中，我印象最深刻的是『讓學生安心犯錯』那句話。」我當時只是笑笑，沒有給他回應，但是心中暗喜那一場演講還是有人把我的話聽進去。

六、

加拿大聯邦政府科研人員升遷與獎勵

加拿大聯邦政府的科研人員升遷共分五級，其中第三、四兩級等於資深研究員（Senior Scientist），第五級等於首席研究員（Principal Scientist）。當年要從第四級升上第五級是聯邦政府跨部門間的研究員互相競爭，能夠升上這級的研究員極為少數。

記得 1990 年初，加拿大國際開發總署（CIDA）與中國河北省農林科學院簽了一項合作計畫，指定 Lethbridge 農業試驗所為加方執行機構。該項計畫分為五個專業技術組，由本所土壤組研究員張治博士擔任總組長，我是其中一組的組長，負責執行作物病害、蟲害、雜草防治計畫。

1998 年我和所長 Dr. Steve Morgan-Jones（加方計畫總負責人）等人一同前往石家庄河北農林科學院，參加計畫進度審查會議。在會議前一天的晚宴中，我聽到隔壁主桌 Dr. Morgan-Jones 和中方主管在討論加拿大研究員升遷的問題時，提到我是十幾位首席研究員之一。當時河北農林科學院王海波副院長接著問：「你說十幾位研究員是指加拿大農業部或全國各部會的研究員？」Dr. Morgan-Jones 回應說：「我是指全國所有部會的研究員，包括農業部、國防部、經濟部等。」

我以為這段對話只是飯局中閒聊而已，未料第二天早上開會時，河北農林科學院王副院長站起來把我從後排叫到他身邊，特別把我介紹給他們院裡與會的研究同仁，並把我的職等告訴他們。這次出差，意外獲得長官肯定，內心感到很安慰。在我 2006 年退休的前幾年，幾乎每年都應邀擔任資深研究員（第四級）或首席研究員（第五級）升等委員會的委員。

2008 年我在台灣農業試驗所生物技術組擔任客座研究員時，還是接到加拿大政府邀請我擔任首席研究員評審委員，前往 Ottawa 開會。那時首席研究員的升等規則已經改變，只要農業部審查委員會通過就是終審，不必像以前我升首席研究員時，還要把農業部選出的名單再送去和其他部會研究員評比。

記得當年在咖啡廳裡，同事們聊天時，談到這種部與部競爭方式的公平性，有人提出一個問題，如果國防部研究員研發出一枚飛彈和農業部研究員研發出一個重要作物新品種，兩人相比應該升哪一位？所幸聯邦政府似乎已看出這一爭議性，乃改變第五級的升等規則，不必再進行部與部之間的競爭了。

在專業領域裡，我發現如果你樂意幫助他人，你得到的回報是難以想像的。

例如，1997-2006 年間，我五次受邀擔任加拿大農業部研究員升等評審委員，其中四次為「資深研究員（第四級）」，一次為「首席研究員（第五級）」。由於審查嚴格和競爭激烈，每年全國各試驗所推薦的研究員，只有少數人能順利獲得晉升。

在一次 Lethbridge 試驗所作物組召開例行組務會議結束時，組長宣布繳交該年度年終報告和升等文件的截止日期。最後他還提醒與會人員說：「Henry（我的英文名）曾擔任升等委員，如果你們準備升等文件有疑問的地方，可以找他幫忙。」會後有幾位年輕研究員先後來和我討論他們的升等文件，並且要我提供修改意見。

有一天組長突然來告訴我，組裡一位研究員有良好的研究紀錄，但是連續幾年報請升等都沒通過。他要我去和這位研究員談談，看問題出在哪裡。隨後我去見他並說明來意，未料他卻說對升等已經徹底絕望，不願意再提出升等申請了。

想不到翌日清晨，他來我的辦公室交給我一份他去年的升等文件。我發現該文件最大問題是「研究貢獻」那幾頁沒有妥善整理。按照總部發給的升等指南，在「研究貢獻」欄要列出五項貢獻，依次以最大的貢獻列為第一優先並列舉出完成該研究計畫的明確證據，如發表論文、獲得專利等。我發現他所列的第一項雖然課題很新穎，但還沒有任何突出的研究成果，而第五項研究不但已經完成而且又有突出貢獻，包括發表一篇論文和註冊一項作物新品種。於是我建議他把「研究貢獻」那幾頁重新安排，把第五項改為第一項，而將第一項改列為最後一項。結果當年送審，順利獲得晉升，他和組長都感到很欣慰。

加拿大聯邦政府研究員晉升「資深研究員」和「首席研究員」，除了論文著作外，還要求有更高的專業表現，例如應邀出版與本人研究領域有關的書籍、專書分章或應邀評論等。

2002 年，我收到一封出版社的邀請信，要我編寫一本關於植物病理專書。我對此邀約本來沒有什麼興趣，因為根據以前的經驗，編輯不是一項輕鬆的工作，它需要投入大量的時間和精力。但是，許多同事鼓勵我接受此邀請，因為他們熱切希望能夠參加該書出版計畫，並把他們書寫的分章列入升等文件中的「權威性評論」。

於是我邀請了二十位與植物病害防治有關的研究員，其中有九位來自加拿大，四位來自美國，五位來自台灣，一位來自日本和一位來自羅馬尼亞。我將書名和二十個章節的標題提交給出版商，並很快獲得批准。我把每一章的手稿交給兩位評審員審查後，再將定稿繳給出版社。該書命名為《Advancement in Plant Disease Management》，於 2003 年出版，全長共 419 頁（圖：12a）。以上這幾個幫助同仁整理升遷文件和著書的過程使我結交了多位學界朋友，退休之後我們還經常往來。它令我深深感受到助人的快樂滋味。

回想起我在 Lethbridge 農試所和在 Morden 農試所一樣，自己只是默默地從事研究工作，但都能從工作表現獲得主管肯定。

最感意外的是，在 2001 年的一個星期五下午，副所長 Dr. Glenn Coulter 突然走進我辦公室，把他手中一本小冊子交給我，並告知他們下午剛開完所務會議，會中所長 Dr. Steve Morgan-Jones 提名我作為「公務員金牌獎（Public Servant Gold Medal Award）」的候選人。該獎項是每年從全國公務員（包括省市政府、特區政府和聯邦政府）中選拔一人，一年是頒給科研人員，而另一年是頒給非科研人員，2001 年正好輪到科研人員申請。

我看一下那本小冊子的概要後，對副所長說：「我沒興趣，因為申請截止日期只剩不到兩星期，還要繳一份不超過十頁的主要成就報告，並附兩封推薦信，時間太短無法準備這些申請文件。」不料副所長卻說：「沒關係，你把資料準備好，我會幫你修改文句和錯別字，並請我的祕書幫你打字。」

聽到他這句話，我明知得獎無望，但還是勉為其難地答應，因為我想藉這個機會把我在職場的所有紀錄好好地整理一下。那段期間，我日以繼夜忙著找資料、寫資料，直到申請截止日期前兩天才把十頁研發成果初稿繳給副所長。只見副所長匆忙地修改後，就把資料呈繳給所長。所長隨即寫一封提名信，連同提名資料上繳給加拿大農業部。

這件事突顯所長和副所長相當在乎我的工作表現，每當看到所長那一封提名信，我內心都感到欣慰。由這件事，我了解到受周邊的人肯定遠比實際得獎還重要。可見一個默默做事的人，總有一天還是會得到關注的！

七、

旅日見聞

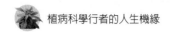

我曾六度訪問日本，包括三次訪問日本農業試驗所和三次參加國際研討會。

1. 首度訪日（1987 年）

我 1981 年到 Lethbridge 農業試驗所沒幾年，副所長 Dr. Tom Atkinson 就升調到 Manitoba 省 Winnepeg 農業試驗所擔任所長直到退休，而在 Winnepeg 農業試驗所擔任所長的 Dr. Gordon Dorrell 則升調到 Lethbridge 農業試驗所擔任所長。

1987 年我獲得日本政府外籍專家獎（Japanese Government Award for Foreign Specialists），Dr. Dorrell 不但支持我前往日本訪問，而且促成我和日本的研究員建立一項爲期長達十年的「加拿大和日本作物菌核病合作研究計畫」。1987 年 6 月 28 日至 8 月 19 日我首度訪日，首站是筑波科學城（Tsukuba Science City）及周邊地區，由日本農業部研究員 Dr. Hajimu Komada（駒田 旦）接待。

Dr. Komada 是一位日本知名的植物病理學者，曾於 1985 年來 Lethbridge 農業試驗所訪問（圖：46a）。他著作等身，尤其是鐮孢眞菌（*Fusarium* spp.）和輪枝眞菌（*Verticillium* spp.）引起的作物病害。例如他發明一種選擇性培養基「Komada Medium」，專門用來培養鐮孢眞菌。Dr. Komada 因爲對防治作物鐮刀菌病害（Fusarium diseases）的研究，而於 1984 年獲得日本植物病理學會會士（參考：https://www.ppsj.org/about-award_en.html）。記得抵達日本的第二週，Dr. Komada 帶我去東京遊覽日本皇宮，隨後去日本科技廳領款，總數爲一百多萬日幣（當時美金對日幣匯率是一美元比九十八日元），那是我這一生中唯一一次成爲百萬富翁（可惜是日幣）！

在筑波訪問期間，Dr. Komada 於 6 月 29 日至 30 日開車帶我去千葉縣（Chiba Prefecture）、長野縣（Nagano Prefecture）和群馬縣（Gunma Prefecture）田野病害考察。首先去千葉縣農業試驗所看他的田間試驗——「甘薯根腐病生物防治（Biocontrol of Fusarium root rot of sweet potato）」。我發現用微生物處理的甘藷生長與用農藥（Benomyl）處理的效果都很好。Dr. Komada 告訴我他們已將此試驗結果發表（文獻：51）並將該生物防治菌註冊推廣應用。

隨後，我們前往長野縣（Nagano Prefecture）和群馬縣（Gunma Prefecture）考察蔬菜生產區的作物病害。在長野縣山上看到大田的山東白菜萎凋病（Verticillium wilt of cabbage，病原菌學名：*Verticillium dahliae*）非常嚴重，很多植株葉片出現典型的 V 字型病斑和萎黃現象，生長不良（圖：82）。在群馬縣那片山上，看到泥土顏色有很大差異，有的是褐色或橘紅色，有的是深黑色（圖：84）。他們研究發現土壤顏色不同，作物根部病害的嚴重性也不相同。

這些發現 Dr. Komada 都有專書和論文報告，只可惜都是以日文書寫。那幾天除了作物病害考察，我們還順道欣賞沿途風光名勝。例如在群馬縣，我們去遊覽「鬼押出し公園（Onioshidashi Park）」（圖：85），看見地上布滿巨大火山岩，也看到岩洞裡新發現的螢光苔蘚類植物，據說是一新種。在幾天旅途中，Dr. Komada 又特別安排我體驗住日本民宿（圖：83）。我發現，日本民宿環境優美，食物看似家常小菜，但是美味無比，有一種家的感覺。

筑波是日本的科學城，除筑波大學之外，有很多研究機構都設立在這裡。我們於 7 月 2 日至 3 日訪問了國立農業生物資源研究所（National Institute of Agrobiological Resources）、國立農業環境科學研究所（National Institute of Agro-Environmental Sciences），以及國立農業研究中心（National Agricultural Research Center）。我們去長野縣和群馬縣田間考察回來以後，Dr. Komada 帶我去科學城附近公園散步並在公園的池塘餵金魚，紓解連續幾天旅途勞頓。那天晚上，Dr. Komada 請我去他家做客。飯前，他的太太一面做飯，一面和我們聊天。談話間，我注意到他們客廳牆上掛著毛筆書法作品。聽說她是參加書法會，我們的話題也自然由這方面展開。過不了多久晚餐已準備好，我們開始用餐。那一頓豐盛的日式晚餐，讓我度過了一個很溫馨的夜晚。

第二天，Dr. Komada 帶我去東京地區參觀幾個景點，如東京鐵塔、秋葉原（Akiharaba）等，然後乘坐高架電車送我去羽田機場（Haneda Airport）搭飛機前往北海道的首都札幌（Sapporo），繼續我下一個預定行程。

7 月 5 日初次到訪北海道札幌（Sapporo），我立刻愛上了這座城市，因為它夏天的氣候比日本本州涼爽得多，城市建築和街道都很像加拿大。在我正式去訪

問農業試驗所之前，他們安排我在札幌的旅館住了兩天。我在下午出去旅館附近的大通街（Odori）散步，發現那大街中間廣場有很多遊客在觀看不同的表演。其中有一歌手兼演員的表演，觀看的人特別多，所以我就停下來和他們一起看。

第一個場景是一位男扮女裝的人，載歌載舞（圖：87a）。表演完畢，他當著眾人把衣服脫掉（圖：87b），再換上傳統的日本和服（圖：87c），然後繼續唱歌和跳舞。這幾個場景，引起所有觀眾不停地大笑、歡呼和鼓掌。這種驚人的表演，突顯了日本人的幽默和大膽的一面。

下一站是去北海道農業研究所的正式訪問。北海道是日本的主要農業地區，全島除了位於札幌羊ヶ丘（Hitsujigaoka）的北海道國立農業試驗所（Hokkaido National Agricultural Experiment Station）（圖：89a）之外，還有十個道立農業試驗所（圖：88）分布於全島各地。

我此行的主要目的是與北海道國立農業試驗所（圖：89a）的科學家們討論日本新發現的「苜蓿黃萎病（Verticillium wilt of afalfa）」，以及和北海道立北見農業試驗所（Hokkaido Prefactural Kitami Agricultural Experiment Station）的科學家們討論「加拿大和日本豆類和油料作物菌核病（Sclerotinia diseases of oilseed and legume crops）合作計畫」。

我的首站是去札幌近郊的北海道國立農業試驗所訪問該所牧草組主任 Dr. Akitoshi Tajimi（但見 明俊）、苜蓿病害研究員 Dr. Rinzo Sato 和苜蓿育種人員。訪問期間，我進行一專題演講，報告加拿大苜蓿黃萎病的研究進展，其中包括育成一新的抗苜蓿黃萎病品種「Barrier」（圖：56b），以及發現苜蓿黃萎病菌新的傳播途徑，例如「昆蟲傳播」（圖：57, 58, 59）和「病原菌感染苜蓿花粉」（圖：61, 62）等。

因為那時的苜蓿黃萎病，除美國和加拿大的報告外，Dr. Sato 也首次在日本北海道發現此病（文獻：53）。我與苜蓿育種和病理人員討論及交換意見，然後前往田間實地考察他們的苜蓿黃萎病病抗育種試驗。我很高興除了北美很多苜蓿公司興起對本病研究熱潮之外，日本也很注重這一重要檢疫病害的研究。同時苜蓿黃萎病也深受中國的重視，除了內蒙古草原研究所和北京檢疫總局先後派人來

Lethbridge 農業試驗所短期訪問之外，還派專人到我的實驗室當訪問學者，學習病原菌分離、鑑定和抗病育種等技術。

　　在北海道國立農業試驗所訪問期間，有一天 Dr. Tajimi 告訴我他已經安排翌日早晨帶我去見他們的所長。未料第二天我去上班時，他和 Dr. Sato 兩人卻開車帶我去札幌近郊的「鈴蘭公園（Suzuran Park）」觀光。

　　站在公園裡的橋上，見到丘陵地有很多盛開的鈴蘭（Suzuran，すずらん；英文名字是 Lilly of the Valley）。山谷裡有一條小溪，溪中有兩群由老師帶著的小學生，在清澈水中嬉戲和高聲喧笑，有的時候還不停地互相潑水（圖：89d）。這種景象不禁使我想起我的童年，這些小孩在溪中快樂戲水，而我小時候卻每天跟在大人後面，到防空壕躲避美軍飛機的空襲。真是令我慨嘆人各有命！

　　在札幌訪問期間，我也於 7 月 13 日前往北海道大學農學院（圖：89c）訪問和參加日本植物病理學會北海道分會年會，並於會中專題演講「菌核病的生物防治（Biological Control of Sclerotinia Diseases）」。

　　除此之外，我也應邀參加 7 月 14 日在札幌舉行的「北海道農業研究人員年度計畫審查會議」。在札幌的最後一天，他們還特地安排我住在札幌市區一間旅館，讓我體驗附近整條街都是專賣拉麵攤位的熱鬧夜市。在道路上行走，只聽到每一店家都在忙著大聲招攬客人，很像台灣夜市那種喧鬧場景。我選擇一家客人最多的攤位，點了一大碗豬骨拉麵，味道極為鮮美。至今還很懷念那碗麵裡的幾片滷竹筍和一大片薄薄的里肌豬肉。

　　結束札幌的訪問行程後，我於 7 月 16 日乘火車前往北海道立北見農業試驗所（圖：90b, 91a）。該所植物病蟲部長 Dr. Izumi Saito（齋藤　泉）來試驗所附近的「留辺藥（Rubeshibe）」火車站接我（圖：90a）。Dr. Saito 是日本著名的真菌學家，專門研究菌核病真菌。他於 1986 年應邀來加拿大 Saskatchewan 省的 Saskatoon 市參加「北美菌核病討論會（North American Sclerotinia Workshop）」。會後我邀請他以及一位澳洲學者和一位瑞典學者一起來 Lethbridge 農業試驗所參觀（圖：46b）。這次（1987 年）來到北見農業試驗所，他和太太 Tomoko 都很親切地接待我。

　　因爲初次訪問日本，我還在了解日本的風俗和學習日本人的生活習慣。記得剛抵達北見農業試驗所的第一天晚上，Dr. Saito 和他太太來宿舍看我，並仔細向我解釋日本人傳統使用浴缸的方法。他們告訴我每一家庭的浴室裡都有一浴缸裝滿熱水，供家庭中所有成員使用。因此，每次我們洗澡時，必須先在浴缸外把身體洗乾淨，然後才進入浴缸內享受泡熱水澡。他們特別提醒我，洗完澡後千萬不要把浴缸中的熱水排掉，好讓其他家人享用。

　　這種洗澡傳統習俗與西方國家的家庭習俗大不相同。他們夫婦因爲怕我誤會，特別告訴我有一年一位澳洲教授來訪，他也是住在這間客房，可是那次他們發現這一位教授洗完澡後竟然把浴缸中的熱水全部排掉，害得後來的人沒能享受「浴缸洗泡澡」的快樂。

　　我在北見農業試驗所訪問期間，除了和 Dr. Saito 討論「加拿大和日本合作研究菌核病計畫」項目的細節之外，我還和他在實驗室進行一些實驗，探討菌核外表細胞的黑色素（Melanin）是否爲控制菌核發芽的主要因素。

　　早年在 Morden 農業試驗所服務時，我從向日葵菌核病病株上發現一種褐色菌核（Tan sclerotia）於 1981 年發表在《加拿大植物病理會刊》（文獻：15）。我們用褐色菌核和黑色菌核做了一系列實驗，於 1990 年把結果發表在《日本眞菌學會會刊》（文獻：26）。從那時起，我發現 Dr. Saito 對科學研究的認眞執著態度和我非常相似。也因爲研究興趣相同，而促成我們兩家的往來更加頻繁。

　　1992 年我們全家去北海道北廣島（Kitahiroshima）訪問他們夫婦時，得到熱忱接待，盛情難忘。這是一個做學問也能交到同行好友的明確例證。

　　爲了讓我了解北海道其他農業試驗所的研究概況，他們還安排我於 7 月 6 日至 8 日去北海道立中央農業試驗所訪問三天（圖：92）和 7 月 30 日至 31 日去北海道立十勝農業試驗所（Hokkaido Prefacture Tokachi Agricultural Experiment Station）（圖：93）訪問兩天。

　　在中央農業試驗所，我拜訪了植物病理學家 Dr. Fujio Kodama（兒玉 不二雄）。他的實驗室正在研究作物鐮刀菌病害（Fusarium diseases）的防治方法，包括生物防治。另外，他們也在研究用地膜覆蓋方法栽培蔬菜，以及雜草、害蟲防

治等。他們還帶我去試驗田實地參觀一台可以同時覆蓋地膜和栽種幼苗等操作的新型拖引機（圖：92b-d）。這是當年還在研發的新技術，多年後已經成爲各國廣泛應用的栽培方法。

Dr. Saito 帶我去訪問十勝農業試驗所，因爲該所的豆類研究和我在加拿大的豆類病害研究計畫有關。該所的育種和病理人員告訴我，他們曾派兩名研究員到世界各地收集豆類種質資源，用於豆類育種計畫。

他們還告訴我，十勝地區豆類產業有關團體也捐贈一棟有溫室的建築給十勝農業試驗所作爲專門研究豆類作物之用（圖：93b）。在這棟溫室，我看到他們收集的豆類種質資源中，有些長得不像一般豆葉，而像細細長長的竹葉（圖：93c）。

由於農民團體資金的支持，使十勝地區出產的紅豆揚名四方。記得剛來北海道住在札幌那幾天，我去一商場地下室買零食，發現一長排攤販都在賣紅豆車輪餅（比台灣紅豆餅大）。所有攤位的價格標示都是四十日元一個，唯獨一個攤位牌上標示五十日元一個。我問服務小姐爲什麼他們的紅豆車輪餅比較貴？他們說因爲紅豆餡是用十勝出產的紅豆做的。

日本這種用農民資金支持特定研究計畫的做法，後來也被加拿大各農民團體採用。記得 1987 年 Alberta 省的豆類作物協會（Alberta Pulse Growers Association）邀請我擔任委員，每個月開會的討論項目之一就是如何建立研究基金，協助政府機構加速研究該農民團體提出的課題。自從研究基金建立以後，我的研究計畫不但經常獲得 Alberta 省豆類作物協會基金的補助，有一年 Manitoba 省豆類作物協會（Manitoba Pulse Growers Association）也匯給 Lethbridge 試驗所一筆款項，指定要給我用在「菜豆菌核病生物防治研究計畫」。我用那筆經費請一位暑期大學工讀生加入研究團隊。

日本北海道夏天經常有喜慶節日。1987 年我訪問北見農業試驗所時住在宿舍。因爲距離北見（Kitami）市區約三十分鐘車程，所方考慮我週末在宿舍孤單，每星期五下班後，派車送我去北見市渡週末，觀光和體驗日本文化，星期一早上再派車來接我回去試驗所上班。

　　我發現北見市是一個很美麗的城市，夏天街道兩旁用竹桿或長繩掛滿花布做的魚或長布條，五顏六色隨風飄盪，很是美觀（圖：95a）。沿路逛街，令人感到心曠神怡。

　　市區到處都是傳統的拉麵店，大門只有兩片短布。有一次週末，我逛累了走進一家拉麵店，發現面前只有一彎彎的長櫃檯，檯下擺著一排凳子供顧客用餐。廚師站在離櫃檯遠遠的地方，凝視著我，不發一語，等著我點餐。可是該店僅有用漢字寫的三種拉麵，即味噌拉麵、醬油拉麵和鹽拉麵。三張字條高高地貼在廚師背後的牆上。因為三種拉麵中，我只會用日語說味噌拉麵（Miso Ramen），而不知道鹽拉麵和醬油拉麵的日語怎麼說，所以只好點「味噌拉麵」。那碗味噌拉麵味道真好。

　　走出店門後，心裡想著下個週末再來逛街時應該試試鹽拉麵或醬油拉麵。回試驗所後，同事教我鹽拉麵的日語是「Shioku Ramen」，而醬油拉麵是「Shoyou Ramen」。等到下一個週末再去北見市逛街時，走進一家傳統拉麵店，心裡想點鹽拉麵，可是一時又忘記它的日語怎麼說。因此，我只好再吃味噌拉麵了！從那時起，我開始後悔來日本之前為什麼沒有聽從太太的建議去學日語，才會遇到這種窘境。

　　又有一個週末，大約下午五點鐘，所有商店突然都關門，隨後即在每家商店門口走廊，開始用木炭爐升火烤肉串。整條街上，我發現許多店家走廊都放一招牌，上面寫著「燒き鳥（Yakitori）」。我看到漢字「鳥」誤以為他們在賣我小時候吃過的「烤麻雀」，於是上前買了一串，吃了才知道原來「燒き鳥」是「烤雞肉串」，而不是「烤鳥肉串」！這又使我領悟到日文中的漢字用意不可以隨便亂猜。

　　在北海道，我經常在晚上看電視。由於聽不懂日語，我只好選擇體育節目，觀看運動員的表演動作。最吸引我注意的兩個節目是日本相撲摔跤（Sumo Wrestling）和日本象棋比賽。

　　相撲是一種古老的摔跤比賽，長期以來一直是日本的一項全民運動。它的起源可以追溯到彌生時代（公元前 300 年到公元 300 年）。這一種摔跤比賽儀式和過程中都包含了神道教的許多元素（參考：https://www.ancient.eu/Sumo/）。但是

我在電視上看到的只是兩個超級胖的男人，站在一個小圈子裡拼命地互相推擠，每人都想盡辦法迫使對手脫離圓環或者失去平衡，以致腳底以外的身體部位觸及地面。當裁判員宣布一方獲勝時，全場觀眾歡聲雷動，大喊大叫，興奮不已。儘管我在日本電視節目中看了無數次相撲比賽，我還是對這項運動感到非常困惑。

因此，返回加拿大後，我決定用陶土製作一系列泥塑作品，用以表達我對日本這一國家級「相撲摔跤運動」的深切感受（圖：1a）。又從電視節目中，我發現日本人對圍棋也是非常狂熱。可是在電視節目上，我總覺得該遊戲不但緩慢而且乏味，看了不久就想打瞌睡。主要原因是每一位棋手都氣定神閒，要等很長時間才走一步棋，而對方也往往花更長的時間才回應下一步棋。就是這種超緩慢的日本圍棋比賽，給了我靈感創作一個名爲《兩人對弈，誰是贏家？》的泥塑作品（圖：2b）。

1987 年在北見農業試驗所，我又發現日本和加拿大對作物新品種註冊規定有很大差異。

例如日本有一著名的小麥品種叫做「Chihoku-komugi」（Chihoku 小麥）。這一品種因爲麵粉中的直鏈澱粉（Amylose）含量較低，被認爲是國內製作烏冬麵（Udon）的最佳小麥品種之一（文獻：55）。用這一小麥品種製成的麵條（Chihoku noodle）特別有嚼勁。由於這種麵條特別受到日本消費者的青睞，在北海道有很多「Chihoku noodle」專賣店。有一天，北見農業試驗所的大麥育種研究員 Dr. K. Sato 開車帶我去田間看「Chihoku」小麥生長情形。那時已接近收割期，只見田裡的「Chihoku」小麥有嚴重倒伏（Lodging）現象。Dr. Sato 還告訴我「Chihoku」小麥產量低、抗病性差、易倒伏、易造成種子發芽等。

我回應他說，在加拿大我們有三個小組委員會，包括育種小組、植物病理小組和品質管制小組，負責每年新作物品種的註冊審查。每一作物新品種申請註冊時，首先都要先經過三個小組分別審查，然後再交由總會投票做最後決定。像「Chihoku」這一小麥品種，只有品質好，但是產量低、易倒伏、抗病性弱，如果在加拿大恐怕很難註冊成爲一新的小麥品種，在市面推廣販售。

隨後 Dr. Sato 開車帶我去市區一家「Chihoku noodle」專賣餐廳吃晚餐。我們走進餐廳，看到裡面客人很多，每個人桌上都有一個大盤子裝著高高一堆煮熟的

麵條，上面放少許薄片紫菜，旁邊有一碟小菜（黃瓜絲）（圖：97a）。心裡想這一大盤麵條，配菜又那樣簡單，怎麼能吃得完？沒想到我們兩人還是把整盤麵條都吃光。這種麵條真的很有嚼勁，口感很好。

與這道簡單的 Chihoku noodle 麵食相比，在札幌的街頭，經常能看到店鋪的巨幅廣告牌，上面畫著北海道巨大的螃蟹，非常誘人。

1987 年 7 月底，Dr. Izumi Saito 夫婦開車帶我去北海道東北端網走（Abashiri）一帶觀光。我們去參觀一個紀念碑，那是用來紀念一百多年前，那些被關押在網走監獄的囚犯，因為修建一條數百公里長的道路而喪生的亡魂。

隨後我們去一市場吃午餐，點了一道當地名產「北海道螃蟹」（圖：97b）。那一餐的螃蟹和配菜都非常美味可口，我想價錢不便宜。

下午我們去海邊公園散步，面對著鄂霍次克海，Dr. Saito 說那片大海裡有很多我們午餐吃的那種螃蟹。他還說早年漁民很討厭這種螃蟹，因為它們會扒在漁網上，漁民要把它們一一撿起來扔回大海。想不到現在它卻成為這麼珍貴的食材！

在北海道的另一個美好回憶是去聽日本民歌演唱會和看街上的拔河（Tag of War）比賽。有一個週末，Dr. K. Sato 帶我去觀賞「日本民歌演唱會」。所有演唱節目都是日本各縣（Prefecture）的民謠歌曲。我雖然聽不懂日本民謠，但是很欣賞每一位演唱者穿著特別服裝，在舞台上又唱又跳、賣力演出。演唱結束後，他們還特地安排我到後台和所有參加演唱的民歌手合影（圖：95b）。

此外，Dr. Sato 為了讓我了解日本的獨特文化，他還帶我去北見市（Kitami），觀看一場在午夜（大約凌晨一點多）在大街上舉行的「拔河比賽」。我們看到這條街的所有交通都封閉。每一位參賽者都穿著傳統的日本式三角褲（圖：96a）。比賽的繩子很粗很長，看不到兩端的盡頭。我只聽到裁判員宣布比賽開始的哨聲，看不到他人在哪裡。旁邊一位觀眾指出，裁判員很可能站在對面屋頂上發號司令。

裁判員宣布比賽開始，聽到哨聲後，只見街道兩旁的人群大喊大叫：「加油！加油！」，有些觀眾甚至還加入他們的行列幫忙拉繩（圖：96c）。整個比賽

結束時大家亂成一團，也不知道哪一支隊伍是贏家。Dr. Sato 說這只是他們傳統的夏季歡慶節目之一，純粹是爲了娛樂。那一天給了我們一個非常愉快的下午和夜晚。

直到今日我仍然對日本這種獨特文化感到驚訝和不可思議，像這麼巨大場面的「拔河比賽」竟然會在午夜才舉行，而且街上還擠滿了看熱鬧的人群！這種在大街穿著三角褲的表演，再度突顯了日本人認眞地保護他們故有的傳統文化。

2. 第二次訪日（1990 年）

當我 1987 年在北見農業試驗所時，正好是該所創立八十週年（圖：91a）。慶祝會那天，Dr. Izumi Saito 穿著傳統的禮儀服裝主持慶祝儀式。那一幕讓我感到他可能不久就會升調更重要的職務。果不其然，他很快被調去函館（Hakodate）附近的「道南農業試驗所（Donan Prefecture Agricultural Experiment Station）」擔任所長。

1990 年 9 月 22 日至 26 日我去北海道訪問他，討論「作物菌核病合作計畫」的進度和繼續合作細節。第一天他們夫婦兩人開車帶著我從他們的住家北廣島（Kitahiroshima）出發，經過支笏湖（Lake Shikotsu）、昭和新山（Showa Shinzan）等名勝地方（圖：99），抵達道南農業試驗所已經深夜。我們三人在沿途每一景點都停下來休息，欣賞旖旎風光，是一個令人難忘的一天。

第二天早上預定行程是參觀果園（圖 99c）。在 Dr. Saito 宿舍吃早餐時，他的太太 Tomoko 端出兩碗去殼煮熟的栗子，顆粒細小。Dr. Saito 說那是他們試驗所育成的兩個栗子新品種，當天早上有兩位官員要來鑑定品質。他還開玩笑說要讓我先品嚐，然後打分數，看品質是否能夠通過審查。

我發現兩種栗子的質地綿密、甜度適中、口感很好。那天下午 Dr. Saito 告訴我兩個品種都順利通過審查，隨後帶我去果園實地參觀。令我驚訝的是樹上的栗子果莢都爆開，栗子掉落滿地。我問他這種栗子要怎麼採收？他卻告訴我這是他們特別選育出果莢成熟容易開裂的品種，以便用來作爲觀光果園的栽培品種，顧

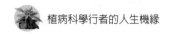

客進了果園只要提著籃子就可在地上撿栗子。

另外一件有趣的事是道南農業試驗所所長室門前有一棵鬱金香樹（Tulip tree；學名：*Liriodendron tulipifera*），聽說是大野（Ono）地區最古老的樹，樹幹基部已中空，居民集資用鐵圍欄加以保護。

每天 Dr. Saito 離開所長辦公室時，都會站在二樓走廊，面向著那棵樹雙手合十虔誠地拜一拜。我問他爲什麼要拜那棵樹？他說他必須每天祈禱求神保護那棵樹。如果那棵樹死了，他就會被砍頭！他這個舉動使我覺得日本的農業試驗所所長好像一位大家長，什麼事都要管。

3. 第三次訪日（1994 年）

(1) 研究與參訪活動

Dr. Gordon Dorrell 升調總部後，由 Dr. Bernie Sonntag 接任 Lethbridge 農業試驗所所長。那時試驗所重新改組，把作物組、昆蟲組和植物病理組三組合併爲一大組「作物組」，共有四十多位研究員。

有一天，Dr. Sonntag 突然走進我的辦公室，坐定後，他對著我說：「我正在找一人擔任作物組組長。」那時我回應他說：「如果你要找的人是我，那一定是本所的損失，我的專長是學術研究，不是行政工作。」聽了我的回話後，只見他張大眼睛瞪著我，然後一語不發，站起來轉身離開我的辦公室。

我心想這一次見面過程大概得罪了所長，沒想到他後來還是很支持我的研究工作。記得 1994 年日本北海道政府來信，邀請我去擔任特聘研究員，目的是參與北見農業試驗所一項「作物長期輪作試驗」。我把這封邀請函呈交給 Dr. Sonntag，他立即把公文送出報請總部核准。

我於 1994 年 7 月 4 日至 8 月 27 日在北海道北見農業試驗所訪問。

北海道是日本主要農業生產地區，有些作物因爲長期連作，生長不良，造成嚴重經濟損失。因此，於 1959 年開始在北見農業試驗所進行「作物長期輪作

試驗」。該試驗有七個處理：休耕、連作、二年輪作、三年輪作、四年輪作、五年輪作和六年輪作等。六年輪作處理的六種作物栽種順序爲：馬鈴薯、甜菜、燕麥、菜豆、冬小麥和紅三葉。自 1959 年起，每年都出一本通報（Bulletin）詳細記錄該輪作試驗的栽培細節，如作物生長和產量、土壤性質變化和肥力分析、氣象紀錄，以及病害、蟲害、雜草發生與防治等。

我於 1994 年 7 月抵達試驗所後不久，隨即前往田間觀察該輪作試驗。因爲我的研究興趣是菜豆病害，我把焦點放在檢查菜豆連作與輪作之間的差別。經過詳細查看每一小區，我發現菜豆在連作小區的植株矮化、生長不良、下位葉黃化，而在六年輪作處理小區的植株植株高大、生長茂盛、葉片大而青綠（圖：101a）。

我和日本負責該項試驗的幾位研究員開始進行研究，結果從連作區的菜豆病株根系分離的猝倒病卵菌（*Pythium* sp.）是造成菜豆植株矮化黃萎枯死的原因（圖：101b）。另外，從六年輪作區的菜豆健康植株根系上分離出有些根圈細菌，可有效抑制猝倒病卵菌的生長，而達到生物防治的效果。我們將這些研究結果呈報日本和加拿大政府，並寫成論文刊登在《台灣植物病理學會刊》（文獻：42）和日本《農家之友》雜誌。

1994 年訪問結束時，我在北見農業試驗所做一總結報告。在討論和提問時間，所長說這項輪作試驗從 1959 年開始已經進行了三十多年，而他每年要花數萬美元來維持這項計畫。他問我什麼時候他才可以結束這項計畫，以節省這一筆開支？我回應一句，這一塊輪作試驗田是一個「金礦（Gold mine）」。從過去紀錄中，我發現這一塊輪作試驗田每年的作物產量、土壤質地、雜草等紀錄都很完整，但是病害紀錄卻是很零散。從我剛剛在研討會的報告中，可以看出菜豆在連作區病害嚴重、產量低，而在六年輪區卻很健康、產量高。因此，爲了收集完整病害資料，這塊輪作田至少值得再保留幾年。

所長聽了我的話，幽默地接著說：「按照你的意見，這塊田是金礦，那麼我們所裡還有一塊田應該是銀礦（Silver mine），因爲它已經進入第二十五年的輪作試驗。」可惜我已離開北見農業試驗所沒看到那塊『銀礦』田。後來他們告訴我 1959 年那一項輪作試驗已於 2000 年結束了，一共進行了四十年。

因爲 Pythium 猝倒病（Pythium damping-off）（文獻：31）也是加拿大艾

伯塔省豌豆、甜菜、油菜和紅花等作物的嚴重病害，訪日結束後回到加拿大，我開始使用固氮細菌（Nitrogen fixation bacteria）處理種子，在田間進行「豌豆猝倒病生物防治試驗」。結果篩選出一株「根瘤菌（*Rhizobium leguminosarum* R-21）」。用這一菌株處理豌豆種子，不但能夠有效防治豌豆幼苗猝倒病和提高豌豆產量，而且還會增加植株的根瘤數目和根瘤重量（圖：77；文獻：45）。這種既能提升土壤肥力又能防治病害的有益微生物之開發和應用，值得農藝、園藝和植病研究人員繼續研究和深入探討。

1994 年是我第二次訪問北見農業試驗所。和 1987 年一樣，我住在宿舍，每天走在同一條道路上下班。路邊那兩行美麗的白皮樺樹依舊在（圖：90b）。但是這一年，在道路的另一側，有一塊巨大的田，上面有許多小塊麥田（約 3 公尺長，1 公尺寬）。小麥育種家告訴我，該田是用來測試不同小麥品系的產量、品質和抗病性。他還特別指著道路附近一小區，告訴我那一小區是他們新育成的小麥品系。它的品質不但與「Chihoku」小麥相似，而且還具有抗病、抗倒伏和高產量等優良特性。

當時所有的小麥品系都已接近成熟期，田間的水也都排乾。每天下班時我經過這片麥田，都會看到許多人穿著橡膠長靴，繞著這一小區仔細察看麥株。從馬路上看去，每人腳上穿的膠鞋幾乎一半埋在泥土裡。有好幾次還看到來自北海道的電視公司，大隊人馬在田裡忙著拍攝這一小區，製作新聞報導影片。大約兩週後，我注意到這小區的周圍地面已深陷，而其他小區的麥田地面腳印卻不多。

在我結束訪問北見農業試驗所之前，這位小麥育種家告訴我，他們已經發起了一項比賽來命名這一小麥新品種。

後來我從 2013 年出版的一篇文章（文獻：55）中發現他們在 2006 年開發出一個新小麥品種「Kitahonami」。這個品種具有優良的磨粉品質和麵粉色澤、產量高、抗病力強、抗倒伏、減少收穫前發芽等特性，農民和磨坊製麵粉者都很滿意。現在北海道各地都種植這一 Kitahonami 小麥。我不知道 Kitahonami 小麥是否與我 1994 年在北見農業試驗所的試驗田裡看到的那一區小麥品系相同。但是很明顯地，1987 年看到的「Chihoku」小麥品種已經被更優良的「Kitahonami」小麥品種取代了。

　　由此可見作物育種是一項需要長期投入的艱辛工作。從 1987 年和 1994 年兩度訪問北見農業試驗所的經歷中，我親眼目睹了他們的科學家為了研發口感類似「Chihoku」小麥且具有更高經濟價值的小麥新品種，努力不懈，直到研發成功。

　　這個新小麥品種研發的例子印證了我們日常說的「有志者事竟成」。身為一個科學家，他的字典裡應該沒有「困難」這兩字，他只會為了「追求真理」而努力勇往直前。

　　1994 年 7 月 4 日抵達北見農業試驗所後，他們說我是北海道州政府聘請的第二位農業專家，在我之前他們也曾聘請一位英國女研究員去指導植物組織培養之研究。又北海道政府很重視我的受聘，因此在我訪日初期和結束時兩度請《北海道新聞社》（The Hokkaido Shimbun Press）記者採訪我的研究成果，並把結果刊登在該報紙上（圖：100a）。

　　另外，又安排我去首都札幌（Sapporo）會見北海道知事 Governor Takahiro Yokomichi（橫路 孝弘）。當時副所長 Dr. Fujio Kodama（兒玉 不二雄）和我於 7 月 23 日至 27 日前往 Sapporo，除了會見北海道知事（7 月 26 日）之外，還安排我去道立中央農業試驗所演講，並參觀北海道三供公司（Hokkai Sankyo Co.）農藥實驗室，和遊札幌市區。

　　我們乘坐火車由北見農業試驗所附近的「留辺蘂（Rubeshibe）」車站出發，到札幌大約需數小時。該列火車掛有一「綠色車廂（Green Car）」，是特別座，車票較貴。出發前一天，副所長給我的車票是特別座（綠色車廂），而他的車票是普通座。我向他表明希望和他同坐普通車廂，兩人可以在車上聊天，但他說不行。結果兩人分坐在不同車廂，只見他一路擔心著我，每一停靠站他都會走過來察看並和我聊天。

　　副所長又特別交代我去見北海道知事那天要穿西裝打領帶，那天豔陽高照，進門時才發現整棟大樓都沒冷氣。

　　回北見農業試驗所後沒多久，副所長告訴我北海道知事辦公室又來電話告知，Governor Yokomichi 要我再去札幌見他一次。我回應副所長說我們不久前才去見知事和他的幕僚，這次可不可以不去？沒想到他卻說：「不行，因為聘請你

來北海道，我們才有機會見到知事，和他面對面討論農業研究問題。」於是，我們兩人又再度乘坐火車去札幌會見知事。

這次會面只是關心一下我們合作研究進展情形，主要還是訪問結束，贈送小禮物（圖：100b）和參觀日加友誼會館等活動。從兩度乘坐火車和參見北海道知事的經驗，我深深感受到日本人待客很講究禮節，而且公家機構很注重節省能源。

(2) 與家人道外旅遊

1994 年日本之行，北海道州政府還特別安排道外參訪行程，讓我和家人到名古屋（Nagoya）、京都（Kyoto）、大阪（Osaka）和奈良（Nara）等地觀光。副所長 Dr. Fujio Kodama 和我於 8 月 6 日由札幌乘坐飛機去名古屋機場接我太太林素道和女兒 Sarah。

第二天我們一起去參觀名古屋城堡（Nagoya Castle）（圖：102a, b）。時值盛夏，天氣炎熱，城堡周邊大樹裡的蟬聲響徹雲霄，時光彷彿回到童年在台灣夏天的鄉下！

第三、四兩天參觀幾個京都地區名勝，如清水寺（Kiyomizu Temple）（圖：102c, d）、龍安寺（Ryoanji Temple）、三千院（Sansenin）、寶泉院（Hosenin）（圖：104b, c）、金閣寺（Kinkakuji）（圖：103）、銀閣寺（Ginkakuji）、大原（Ohara）、樂美術館（Raku Museum）、西陣紡織中心（Nishijin Textile Center）、三十三間堂（Sanjusangendo）、知恩院（Chionin）、丸山公園（Maruyama Park）等；第五天去奈良參觀東大寺（Todaiji）（圖：105, 106）。次日送太太和女兒去名古屋機場乘坐飛機回加拿大後，我們兩人才乘坐飛機返回北海道。

這次旅程除了欣賞美景和享受美食（圖：104a）之外，最令我難忘的是盛夏的京都，天氣非常炎熱，計程車司機還穿著整齊（穿長袖白色襯衣、帶白色手套、結領帶）（圖：103a），每天早上載我們出遊，中午送我們回旅館休息，黃昏時再來載我們出遊。日本計程車司機的敬業精神令人敬佩。

(3) 日本人的習俗與人情味

1987 年，在北見農業試驗所，我注意到許多日本科研人員仍保有他們的傳統神道信仰。

記得當時，農試所新建兩棟有水泥地板和鐵皮屋頂的簡易棚架，用來風乾剛收割的水稻。有一天下午五點下班時，突然聽到廣播，要求所有員工到新蓋的鐵皮屋集合。大家在棚架下面站立排成三列，他們的面前放著一張小桌，桌上放的好像是一瓶酒和杯子。所長站在桌後，帶領著全體員工，面向前方開始祈禱（圖：94a）。那種儀式很像台灣過年時的拜天公。當時我心中正在狐疑為什麼所有員工以前都按時下班，這一次全員到齊，沒有人缺席？

拜祭老天儀式結束後，人們開始慢慢地往隔壁大車庫方向移動，進入車庫門就聞到一股強烈的燒烤味。原來是要舉辦盛宴（圖：94b），桌上擺滿許多美味如烤肉、生魚片、水果、蔬菜、啤酒（Asahi 啤酒和 Sapporo 啤酒）、燒酒（Shojiu）和葡萄酒等。在那場聚會，我們享受了很豐盛的晚餐。由於遵守不能酒後駕車的規定，我們必須搭乘出租車回家。但是訓子府（Kunnepu Cho）全村只有幾輛出租車，聽說當天晚上全村出租車出動，來回好幾趟才把所有參加聚會的員工送回家。

類似日本科研人員這種祭天儀式，我在台灣農業試驗所服務那五年（2008-2013）也見過。每年農曆七月是鬼節，所裡各組都會選擇一天讓員工一齊來祭拜天地。桌上擺滿魚、肉、鮮果、乾貨等祭品（圖：119），不像日本的祭品只有少數幾件（圖：94a）。

日本和台灣科研人員這種祭天的獨特行為是西方研究人員所沒有。我私自猜想著，這種祭拜天地的舉動是不是告訴老天爺：「我對自己的研究工作已經盡心盡力，剩下的只有乞求你老天爺多多幫忙了。」

除了 1987 年在北見看到日本科研人員祭天之外，1990 年我在日本筑波（Tsukuba）參加兩項學術研討會。會議結束後，在旅館（Hotel Suwa）大廳等車時，看到地上有一張別人看過的報紙，上面有一則半版的廣告，其中只放一張穿著和服

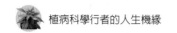

的年長女士的照片，旁邊寫著「老妻保險」四個大字（圖：98）。

　　我不知那則廣告的眞正意思是什麼，但是滿心存疑著爲什麼只有「老妻保險」，難道「老夫」就不保險，或者不必要保險，或者另有其他意思？當時心中那些疑問，我不敢向鄰座等車的客人請教，因爲恐怕問起來會很尷尬。

　　多年後，我把這則「老妻保險」廣告寄去給我兒媳婦 Machiko，請她幫我解釋內容。她說「老妻保險」〔Ro(u)sai Hoken；ろうさい ほけん〕與「勞災保險」日語讀音相同。她認爲這是一則研討會的廣告，內容是關於從未擔任過家庭主婦的女性如何利用自己的土地開展租賃業務。

　　她這個解釋與我當初（1990 年）看到那則廣告時的想像實在相差太遠了。這件事再度使我內心深深後悔著當年沒聽太太的勸告，去日本之前先學一些日語，結果才使自己在日本時，看到日文中的漢字就私自胡亂猜測！

　　「茶道」是日本以傳統方式招待客人奉茶和點心的禮儀。它是一門禪茶藝術，其內容包含著深層的美學精神。用心品茶，可以品出人生、品出境界，以及體悟出生活的本味和眞諦，讓我們遠離浮躁的現實。

　　1994 年 8 月 9 日 Dr. Fujio Kodama 帶我們去京都大原里的「寶泉院（Hosenin）」參觀，在那優美環境裡體驗日本茶道的精髓。我們全家對整個茶道過程包括沏茶、喝茶、茶具、點心和欣賞周邊優美環境等都感到新鮮有趣（圖：104b, c）。回到北見農業試驗所後第三天，Dr. Kodama 對我說他太太是教茶道的老師，她要邀請我去他家做客，並給我示範日本傳統茶道禮儀。

　　她從煮開水、提放茶具、沏茶到吃甜點和品茶，每一表演動作都很緩慢，但很優雅。我從中發現日本茶道是如此注重每一個小細節，它應該是一種讓人慢慢體會的藝術，而不是解決口渴的問題。整個過程令我感受最深的是那一小塊甜點眞的很好吃。

　　由「日本茶道」使我想起小時候在水稻田裡除草時，父親都會在田埂上放一只老舊的大茶壺和一只有點裂痕或缺刻的大碗。我每次口渴都三口兩口連喝幾大碗，哪裡有心情像日本茶道那種喝茶方式，一面喝茶，還要不停地欣賞眼前那只大破碗！

　　又記得在桃園高農時，一位教我們動物解剖學的周紹賢老師，有一天開始講

課前，他告訴我們他曾在夏天去鄉下進行家庭訪問。那位受訪學生是一位農家子弟。他的媽媽看見老師來訪，為了表示尊敬，特別用精製的小茶杯代替農家通用的大碗來招待老師。害他一口氣連喝數十杯還無法解渴！他又說那天天氣很熱，他是多麼期待那位學生的媽媽用農家常用的粗陶大碗公來招待他喝茶呢！

在 1994 年訪問北見農業試驗所期間，我與副所長 Dr. Fujio Kodama 共用一間辦公室。他的女祕書也提供我日常辦公所需的服務。

我發現這位女士做事認真而且非常友善。除了日常瑣事，她每天早上都會將從外面隨地採來的野花插在我桌上的小玻璃花瓶。她這種小小的舉動使我每天早上去上班途中就會開始一邊走路一邊注意路旁的各種野花，心裡猜想著她今天會在我辦公桌的花瓶中插什麼樣的花？

又每天上午十時和下午三時，她會很有禮貌地端給我一杯熱咖啡，通常還加一片應時的新鮮水果，例如網紋香瓜（Cantalope）等。當時，在日本正在盛行研究香瓜溫室栽培，開發一株一粒果的生產技術。我猜想喝咖啡時吃到的香瓜很可能來自那些果農為了感謝研究人員的辛苦而拿來慰勞的，因為那水果當時在市面上非常貴。有一次在札幌機場的商店裡，看到一粒香瓜大約是美金三十元（約合日幣三千元）。

Dr. Kodama 的祕書在烹飪日本料理方面也很出色。有一個炎熱的夏日中午，她準備了一大桶涼麵（Hiyamugi）招待全體員工。那碗涼麵上面放了幾個小冰塊，吃起來非常爽口。這位女祕書展現了東方人特有的文化和人情味，但是她給我的這些服務在西方是不可能出現。在加拿大你想喝咖啡，就要去咖啡廳購買或者自己沖泡，更別夢想別人來替你服務。

(4) 登山活動

北見農業試驗所的員工都很友善。在訪問北見期間，我兩度受邀出遊著名的北海道大雪山。

第一次是與大麥育種員 Dr. K. Sato 於 1987 年 7 月 25 日去大雪山黑岳（Daisetz Mountain Kurodake）。由雲層峽乘坐空中纜車上黑岳。沿路欣賞纜車下面種植的各色美麗花草和山坡上的野花。到達黑岳見到滿山是雪，有很多人在滑雪。第二次是於 1994 年 7 月 30 日與植物病理研究員 Dr. Motoshige Simizu（清水 基滋）和所裡多位年輕人一起去爬大雪山五色岳（Daisetz Mountain Goshikidake）（圖：107）。當天天氣很熱，我們走過一大片沼澤地，很久才抵達山腳下，開始上山。這條山路又窄又陡，上山和下山的人很多。我們一步一步往上走，每次遇到一位下山的人，大家都異口同聲說「Konnichiwa（你好）」。過了一段時間，我已滿頭大汗、呼吸困難，還要忙著打招呼。抬頭往上看，還有那麼多下山的人。我問 Dr. Simizu 可以不要對每一位下山的人說「Konnichiwa（你好）」嗎？他說不可以，這是爬山時特有的禮貌，必須遵守。只好低著頭跟他們繼續一面說「Konnichiwa」，一面慢慢往上爬。

到達山頂感覺特別清爽涼快，吃著他們帶來的食物，喝冰涼的雪水，感到身體疲累全消（圖：107d）。下山後再去泡溫泉澡，回到家已很晚。這一次爬山雖然很累但很快樂，是令人難忘的一天。

4. 赴日參加學術研討會（1990 和 1997 年）

1990 年 Dr. Gordon Dorrell 已從 Lethbridge 農業試驗所所長升調為農業部總監（Director General），負責管理加國西部所有試驗所，而 Dr. Hajimu Komada 已由日本農業部研究員升調為日本環境生物部所長（Director of Environmental Biology）。

1990 年 4 月 21 日我接到 Dr. Komada 來信，邀請我前往日本參加在筑波（Tsukuba）召開的兩次國際會議，一次是 9 月 13 日至 14 日，日本農林漁業部舉辦的「第二屆 MAFF 穩態研討會（2nd MAFF Homeostasis Workshop）」（圖：108a, b），另一次是 9 月 17 日至 21 日，日本農業研究中心與亞太糧肥中心共同舉辦的「NARC-FFTC 國際植物病害生物防治研討會（NARC-FFTC International Seminar on Biological Control of Plant Diseases）」（圖：108c, d）。他給我的邀請信結尾用手寫附上一句：「如果你未克參加，請你推薦一位講者。」Dr. Komada 這句話

令我感動不已。

記得在會議廳的講台前有一小圓桌，上面插著六支小國旗，代表受邀講者來自六個不同國家，包括日本、美國、加拿大、法國、荷蘭和澳洲（圖：108a）。輪到我上台演講時，看到加拿大國旗在台前，內心的喜悅不可言喻。

1990 年 9 月 15 日（星期六），第一次研討會結束，Dr. Komada 帶領我們七位外國學者前往東京一日遊，其中包括去參觀上野公園的「東京都美術館（Tokyo Metropolitan Fine Art Museum）」和日本橋的「三越百貨（Mitsukoshi Department Store in Nihonbashi）」。

三越百貨是日本最古老、最著名的百貨商店。Dr. Komada 給我們兩個小時購物時間，並約定時間到在正門口集合。兩個小時後，只見每個人都空著雙手從店裡走出來，口中還不停地抱怨所有商品都太昂貴。

我記得一位美國農業部學者 Dr. James Cook 還用驚訝的表情對著我們說：「你們相信嗎？一條男士皮帶要價美金兩百多元！」另一位美國年輕教授呼應著說他想買日本和服，但是每套要價美金一萬多，他只好空手出來。他又接著大聲喊著，他必須買兩套和服回去，一套給他太太，另一套給他岳母，否則他回去會被「殺頭」！

於是 Dr. Komada 帶我們到附近一條地下街，兩邊有很多商店在賣和服，價格低廉。聽說都是二手貨，但是每一套布料都很精緻、色澤也很美觀。我們只是一面逛街，一面欣賞地下街各色各樣的商品，唯獨美國這位年輕教授在忙著挑選和服。不久看他從店裡走出來，興奮地向我們展示他手中那兩套和服，並且為買到廉價和服而興奮不已。

過幾天，會議結束，我們在東京成田機場準備搭乘飛機回北美。在候機時間，這位年輕教授去逛機場的禮品店，回來卻大發雷霆對著我們說機場有好幾家賣和服的商店，那裡的價錢一套只要美金一千多，比他買的還要便宜得多，真後悔去地下街買那兩套和服。可是依我看機場禮品店賣的和服，雖然華麗美觀，但是布料粗糙，遠不如在地下街賣的那種和服。

1990 年 9 月 17 日至 19 日，在筑波舉行的「植物病害生物防治國際研討會」

遇到好幾位來自台灣的學者，其中包括亞太糧肥中心主任黃正華博士和三位中興大學植物病理系畢業的系友——高清文博士（圖：108c）、張清安博士（圖：108d）和劉顯達博士。

黃正華主任是我在中興大學時，教我們「遺傳學」的老師。當年聽說他是在農復會服務，來學校兼課。其他三位都是台灣知名植物病理學者。高清文博士當年是台灣農業委員會動植物防疫檢疫局組長，於 2005 年升任農業委員會農業藥物毒物試驗所所長；張清安是農業試試驗所植物病理組組長，而劉顯達是屏東科技大學校長。我很高興在異國和他們相逢並聆聽他們關於植物病害生物防治的精彩演講。

1997 年 10 月 8 日我應邀去日本北海道參加「清潔農業國際研討會（The International Symposium on Clean Agriculture）」。該研討會在札幌溫泉國際酒店（Therme International Hotel, Sapporo）舉行，受邀演講者包括來自美國的 Dr. James Cook 和 Dr. Joe Kloepper 和來自加拿大的我（圖：109a），以及三位來自日本的 Dr. Fujio Kodama（兒玉 不二雄）、Dr. Kei Ogawa（小川 奎）和 Dr. Akira Ogoshi（生越 明）（圖：109b）。

這是繼 1990 年後，我第二次與美國學者 Dr. James Cook 相遇。

這家酒店有一個 45 公尺高的中庭，在那裡喝咖啡時看到戶外不遠處有很多大人、小孩快樂戲水的美景，會令人很想去游泳放鬆一下。研討會結束後，我去辦理退房時，發現帳單中有一條租借泳褲費用。我告訴酒店服務員我沒有去游泳。他遞給我一張泳褲租借收據時，我才發現該收據上的簽名是 Dr. James Cook 而不是我。服務員很有禮禮貌地道歉，並將帳單中泳褲租借費用刪除。這時 Dr. Cook 早已退房飛返美國了。

以上在日本發生的這件趣事使我想起過去與 Dr. Cook 在學術研究領域互動的情形。1970 年代我進加拿大農業部 Morden 試驗所服務時，Dr. Cook 已經是美國農業部的知名植物病理學者，並且擔任美國植物病理學會出版的《植物病理學》（Phytopathology）雜誌的資深編輯（Senior Editor）。1980 年我和一位同事 Dr. John Hoes 共同發表一篇論文（文獻：12），報告向日葵的株距和菌核在土壤中

的位置影響向日葵萎凋病發生和蔓延（圖：69d）。

該論文是 1978 年投稿，於同年 11 月 13 日我們收到 Dr. Cook 的來信以及兩位審稿人的報告。他信上告訴我們這篇文稿一位評審接受，而另一位評審卻拒絕接受，理由是我們用錯了菌核病菌作爲實驗材料。

Dr. Cook 並沒有拒絕接受我們那篇論文，但是他信中特別指出 1978 年 11 月美國植物病理學會在亞利桑那（Arizona）州、Tuscon 市舉行的「菌核病研討會（The Symposium on Sclerotinia in Tuscon, Arizona, November 1978）」上，與會者一致認爲大粒核盤菌（即 *Sclerotinia sclerotiorum*）與小粒核盤菌（即 *Sclerotinia minor*）在生態位（Ecological niches）上是不相同的。他們認爲大粒核盤菌的黑色菌核大多發芽產生子囊孢子（Ascospores），經由空氣傳播感染植物地上部造成病害，如向日葵爛頭病（圖：70c）、豌豆果莢腐爛病（圖：71b）以及菜豆菌核病（圖：65）等；而小粒核盤菌的黑色菌核大多發芽產生菌絲（Mycelia），感染植物基部和根部造成植株基部腐爛、根部腐爛和植株萎凋等症狀。

因爲我們的論文（文獻：12）報導向日葵萎凋病，是用大粒核盤菌（*Sclerotinia sclerotiorum*）書寫，而不是用小粒核盤菌（*Sclerotinia minor*），所以 Dr. Cook 建議我們於修訂該論文時，將病原菌名稱改爲「*Sclerotinia minor*」。我們給 Dr. Cook 回信，向他說明我們用的實驗材料的確是大粒核盤菌（*Sclerotinia sclerotiorum*），並附上兩張照片供他參考。我們信中還特別強調，如果他還不相信，我們寧願退稿而不願更改病原菌的名稱。

他接受我們的修訂稿後，這篇由大粒核盤菌引起向日葵萎凋病論文終於在 1980 年出版（文獻：12）。後來我特別用田間採集的向日葵種子和菌核病的菌核製作一圖案（Decoupage）（圖：68），證明加拿大西部向日葵萎凋病的病原菌的確是大粒核盤菌（*Sclerotinia sclerotiorum*），因爲病原菌在向日葵上所形成的菌核（Sclerotia）比小粒核盤菌（*Sclerotinia minr*）的菌核要大得多。

雖然 Dr. Cook 接受了我們那篇具有爭議性的「向日葵萎凋病」論文（文獻：12），我心裡還是不解爲什麼美國學界會有人認爲向日葵基部莖腐（Basal stem rot）、根腐（Root rot）和萎凋（Wilt）病是由小粒核盤菌（*Sclerotinia minor*）所引起？因爲 1980 年代加拿大西部三省受菌核病危害的作物，如向日葵、紅花、菜

豆、豌豆等都是大粒核盤菌（*Sclerotinia sclerotiorum*）所引起。更何況那個年代加拿大西部根本沒有小粒核盤菌（*Sclerotinia minor*）出現的報告。

因此我開始懷疑這些爭議可能是對這兩種菌核病菌的「黑色菌核（Sclerotia）」的基礎生物學（Basic biology）的知識不足所引起。因此我決定開發一新的「菌核基礎研究（Biology and survival of sclerotia）」課題，針對菌核發芽方式、休眠機制和存活能力等問題加以深入探討。

這一系列研究中，我意外地從田裡採的向日葵大粒核盤菌爛頭病標本中，發現兩種新的菌核，即「褐色菌核（Tan sclerotia）」（文獻：15）和「異常菌核（Abnormal sclerotia）」（文獻：16）。「正常菌核」的外皮層（Rind）是黑色，而內部中髓組織（Medullary tissue）是白色。但是「褐色菌核」是一新變異菌株，它所產生的菌核是褐色而不變黑（圖：72a），而「異常菌核」的外皮是黑色，但它的內部中髓組織卻變成褐色（圖：72b）。

用這些材料研究使我發現菌核外皮層細胞壁的黑色素（Melanin）是控制菌核休眠的關鍵因素之一，在適當的溫度和溼度環境下，它就可以發芽產生菌絲，用以侵害作物（文獻：21）。黑色的異常菌核因為內部中髓組織褐變壞死，也會造成菌核外皮層皺縮、受傷而容易發芽產生菌絲，但是菌核的壽命要比正常菌核短得多（文獻：35）。

這三種菌核材料的研究使我對控制大粒核盤菌菌核發芽產生菌絲和造成向日葵萎凋病等有更深一層的了解。

另外我也集中精力研究哪些環境因子可以打破大粒核盤菌的菌核休眠，進一步產生有性世代的子囊盤（Ascocarps）和子囊孢子（Ascospores），結果發現菌株來源、溫度和溼度都有關係（文獻：29）。透過這些知識的應用，我可以在實驗室裡讓一粒大粒核盤菌的菌核在潮溼的沙（沒有外在養分）上發芽使表面產生很多無性世代的菌絲（Hyphae）（圖：73a, b），然後再讓該菌核改變另一種發芽方式產生有性世代的子囊盤和子囊孢子（圖：73c-e；文獻：34）。

這個菌核病菌基礎研究計畫，使我獲得很多新知和發表多篇論文。這些研究成果都應該歸功於 1978 年 Dr. James Cook 不顧兩位評審員的不同意見，接受我們那一篇向日葵萎凋病論文文稿，讓它順利發表（文獻：12）。

　　自從 Dr. James Cook 負責審查我們 1980 年發表的那篇論文（文獻：12）之後，又發生一小插曲。

　　1983 年，Dr. Cook 和 Dr. K. F. Baker 合著一本有關植物病害生物防治的新書《The Nature and Practice of Biological Control of Plant Pathogens》（文獻：3）。該書第 286 頁中，他們提到我在加拿大用 *Coniothyrium minitans*（一種重寄生真菌）來防治由小粒核盤菌（*Sclerotinia minor*）所引起向日葵萎凋病，並引用我發表的論文（文獻：13）。

　　我於 1985 年 4 月 25 日寫一封信給 Dr. Cook 向他說明我在加拿大研究的病原菌是大粒核盤菌（*Sclerotinia sclerotiorum*）（文獻：13），而不是他書中第 286 頁所寫的小粒核盤菌（*Sclerotinia minor*），希望他能考慮於該書再版時把這一錯誤更改過來。Dr. Cook 於 1985 年 5 月 17 日給我一封回信，感謝我指出他書中第 286 頁的錯誤，並很客氣地說他會嘗試在該書再版時更正此一錯誤。信中他還提到自從 1978 年負責審查我們那篇文稿（文獻：12）以後，一直在關注我的研究工作，尤其是對我的「生物防治」研究課題很感興趣，希望我繼續加油（Keep up your good work）。

　　因為在「生物防治」研究領域的共同研究興趣，使我有機會認識 Dr. Cook 並於 1990 年在日本筑波（Tsukuba）（圖：108d）和 1997 年在日本札幌（Sapporo）的國際生物防治研討會上相遇（圖：109a）。

　　以上這些和美國著名的植物病理學者 Dr. James Cook 互動的故事，使我聯想到「學術爭論」的問題。我們都知道學術研究的主要目的是追求真理，可是在追求真理過程中往往會遇到具有高度爭議性的研究課題。這種爭議性的課題不但是一種挑戰而且也是一個機會。面對這種爭議性課題不要放棄，把它用來自我挑戰，耐心地做更多、更深入的研究，用實驗來證明是自己疏忽造成的錯誤，還是對方的偏見。像這種能夠抱持「探究真理」態度和信念的人，他的對手往往會是成就他事業的貴人。

　　在自然科學領域中，全世界各個物種都會因地理環境差異而造成不同的生存和適應問題，不但動植物如此，微生物也一樣。作為研究人員，千萬不要以管窺

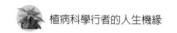

天，每一項研究都要拿出確切證據，這樣才會「有理走天下」。

Dr. Cook 在 1978 年審查我們那篇爭議性論文，促使我開發「真菌的菌核休眠、發芽和存活」等基礎研究課題而且發表了多篇論文。自然界中有很多病原真菌會產生菌核（Sclerotia）在田裡越多，例如作物白絹病菌（學名：*Sclerotium rolfsii*）會危害很多經濟作物並在受害植株上產生很多褐色菌核（圖：75a, b）。

1987 年，我在中興大學擔任客座教授時，發現孫守恭教授的實驗室收集了四個白絹病菌的菌株，分別來自菜豆、大豆、番茄和花生。由於我對影響真菌菌核菌絲發芽（Myceliogenic germination）的因素有興趣，因此決定使用這四個白絹病菌（*Sclerotium rolfsii*）菌株和一個大粒核盤菌（*Sclerotinia sclerotiorum*）的異常菌株所產生的褐色菌核（Tan sclerotia）做發芽實驗。我發現白絹病菌的褐色菌核在攝氏 22 度的潮溼土壤上，可以發芽產生菌絲並攻擊苜蓿和油菜，導致幼苗猝倒病（文獻：25）。

這項研究中，我又發現一粒菌核發芽後可以用它自身的養分製造出好幾粒新的菌核（Daughter sclerotia）（圖：75c-h）。觀察這一現象需要很大的耐心和毅力。記得有一次我為了觀察一粒菌核在沒有外在養分（如寄主植物）下，能夠用自己身上的養分生下幾個孩子（新的菌核），我每天用顯微鏡觀察這一粒菌核的變化並照相做紀錄，直到第 32 天才結束實驗。

那段時間正逢聖誕節和新年，試驗所裡員工都放長假，有好幾天全所只有一位二十四小時警衛在大廳和我一個人在實驗室，顯得異常冷清。當我拍下第 32 天那張照片（圖：75h），看到顯微鏡裡那一粒「母菌核（Mother sclerotium）」變黑色乾扁死亡的殘體，而旁邊卻留著它生下的三粒健康褐色「新菌核（Daughter sclerotia）」的景象，使我熱淚盈眶，內心久久無法平覆。原來在微生物的世界裡，居然也能看到母親為子女犧牲的現象。這種現象正是李商隱詩句：「春蠶到死絲方盡，蠟炬成灰淚始乾」的最佳寫照。

那天晚上開車回家路上，馬路兩旁高大的榆樹（Dutch elm）在冬天雪地裡顯得特別美麗壯觀！踏進家門時，太太對我說的第一句話是：「你一天到晚只顧你的 Sclerotinia，連晚飯都不必吃！」

除了用光學顯微鏡看到真菌菌核可以用自身的養分生小孩（Daughter sclerotia）之外（圖：75c-h），我在掃描式電子顯微鏡的照片也發現病原真菌也知道如何在寄主身上攻城掠地（圖：71）。例如菌核病菌的菌核發芽產生的子囊孢子（Ascospores），靠空氣傳到授精後衰老的豌豆雄蕊（花絲和花葯），在那裡發芽長出細長菌絲蔓延到健康的豌豆莢。這時菌絲必須形成一種叫做「感染墊」（Infection Cushion）的特殊結構才能穿透表皮、侵入豆莢，所以我們肉眼看到豌豆莢上面每一褐色小斑點就是一個「感染墊」（圖：71b）。隨後這些斑點擴大、融合而造成豌豆果莢腐爛病。

用掃描式電子顯微鏡放大觀察，每一「感染墊」是由多條膨大的菌絲集結成束（圖：71c），利用集體力量來穿透豌豆莢表皮組織。當褐色病斑裡的養分耗盡時，病原菌會產生一條細長的「遊走菌絲」（Runner Hypha）（圖：71c，箭頭處）再去尋找新的入侵部位（文獻：30）。

這些照片告訴我們微生物非常聰明，因為它們知道要團結（形成感染墊）才有足夠力量打破寄主的抵抗性，然後順利侵入寄主表皮和內部組織。另外它也知道用單一遊走菌絲去尋找新的地盤。這種現象是不是很像軍隊的「全班出擊」和「單兵放哨」呢？

我在研究菌核病菌（*Sclerotinia sclerotiorum*）的菌核子囊盤發芽（Carpogenic germination）機制中，也發現了一些很不尋常的現象。

例如，土壤中如果添加 75 ppm（或每公頃 1.5 公斤）的「草脫淨（Atrazine）」除草劑，會殺死土壤中的雜草，但是不會殺死土壤中的菌核。如果菌核在含有這種除草劑的土壤中發芽會產生子囊柄，但是它的頂端會再分枝形成數條新的子囊柄，有些變成棉絮狀，失去形成子囊盤（Ascocarp）和產生子囊孢子（Ascospores）的能力（圖：74b, c；文獻：36）。

這一發現意味著施用「草脫淨」不但可以防治農田雜草，而且可以物防治作物菌核病，如向日葵爛頭病和豆類果莢腐爛病等。但是這一推論有待後人進一步用田間試驗來加以證實。

另外，我在研究菌核病菌的異常菌核（Abnormal sclerotia）時（文獻：40），發現有些菌核在潮溼的細沙上發芽產生正常的子囊柄和子囊盤，但是有些衰老的子囊盤上又長出很多正常的子囊柄和子囊盤（圖：74e，箭頭處）。這種子

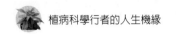

囊盤上再長子囊盤是一非常有趣的奇特現象，但我沒進一步深入探討，因此沒把這些照片正式整理發表。

我之所以曾經要實驗室的訪問學者、研究助理和工讀生從向日葵病田採集的菌核中找出「異常菌核」（Abnormal sclerotia），是希望有朝一日他們從事這一領域的研究，找出菌核會失去產生子囊孢子（圖：74b, c）和子囊盤上再長出新子囊盤（圖：74d, e）的原因。這對微生物科學將是一大貢獻。因為「菌核」（Sclerotia）是菌核病菌（*Sclerotinia* spp.）越冬的主要個體，研究「如何控制菌核休眠、存活和發芽」是一極為重要的課題。很多植物病原真菌會產生「菌核」，用以越冬或對抗惡劣環境。

我深信今後「真菌菌核」一定會繼續讓世人著迷，因為它「變化萬千」的本能，就足以令很多學者「抓狂」。

八、

退休後在台灣的第二春
（2008-2013 年）

　　2006 年我自加拿大農業部退休後，台灣農業試驗所來信告知他們已申請到國科會計畫經費，希望邀請我前往該所擔任客座研究員。心想自己身體狀況還好，與其在加拿大過著閒雲野鶴的日子，不如回台灣貢獻一點心力。

　　決定之後，乃於 2008 年元月前往台灣農業試驗所擔任客座研究員，直到 2013 年 4 月才結束工作返回加拿大。這段期間，我也接受中興大學聘請擔任講座教授。在台灣五年，除了學術演講、研討會、計畫審查等一般事務外，我還有機會參與多位研究員的課題研發和論文寫作，並和他們共同發表了三十一篇學術論文，其中大多數是刊登在國際期刊，藉機訓練研究人員的英文寫作能力。

　　我在農業試驗所頭兩年（2008-2009）是在生物技術組服務，後三年（2010-2013）是在植物病理組服務。印象最深刻的是 2008 年元月太太和我抵達桃園機場，生物技術組吳明哲組長來接我們去台中。報到後第二天，吳組長告知我的主要任務是幫助新進研究員關政平課題研發和指導其他成員論文寫作等。

　　初次和關政平討論，發現他的興趣是研發植物病害的快速檢測方法。因為炭疽病（Anthracnose）是台灣很多作物的重要真菌病害，我就請嘉義大學的蔡竹固教授提供菌株，交給關政平做實驗。不久他就研發出該病菌快速檢測方法（例如 PCR、RT-PCR 等）並將結果發表在國外期刊。

　　還有一次吳組長告知台南地區的洋香瓜發生嚴重萎凋枯死。他要我和關政平去田間實地考察。農會的人帶我們到田間，發現大片農田的洋香瓜都萎凋枯死，而病株上有很多昆蟲。我們將病株和昆蟲帶回做實驗，證明這是蟲媒的洋香瓜病毒病，同時研發出病毒快速檢測方法並發表一篇論文。

　　兩年期間，關政平和我共同發表四篇學術論文。有一年農業試驗所舉行春節團拜時，從會場廣播中聽到關政平獲得該年度的研究傑出著作貢獻獎，我內心替他高興。

　　又有一次關政平開車帶我去中央研究院演講，吳組長吩咐他順便帶我去附近走走看看。我們請陳達夫和林素祥（林素道的四姐）帶路，一齊去基隆附近的「番仔澳」旅遊。那裡有很多經過海水常年沖刷的奇岩異石，在晴朗的天空下風景顯得特別優美（圖：129）。我們拍了很多照片，關政平選了一張我和太太站在一塊很像水牛的大石頭前的合影，請人把它印在兩只茶杯上（圖：129d），於 2013

年我們離開台灣時贈送給我們。

我們很珍惜這份禮物，每次在後院喝茶時用這一對茶杯，就會想起在台灣那五年和朋友同遊的美好時光！每次在後院喝茶，仰望那片湛藍的天空，心思也隨著那幾朵白雲飄盪。

在台灣農業試驗所服務期間，我曾三度去鳳山分所參加國際會議。第一次去鳳山分所，開完會後，該所的植物病理研究員洪爭坊帶我去他的實驗室和他討論研究課題和研究進展。當時他正在研究由病原真菌 *Nalanthamala psidii* 引起的番石榴立枯病。我發現他想證明病原菌侵入番石榴的途徑，但他的資料都是室內實驗，似乎不夠完整，因此我建議他與育種人員謝鴻業合作進行田間試驗。

他們接受我的建議，於我第三次去鳳山分所時，洪爭坊親自帶我去高雄燕巢鄉一戶農家的番石榴園看他的試驗結果。我們仔細檢查兩個試驗點的病株，結果證明根部傷口是此病原菌的重要入侵傳播途徑。

他把番石榴立枯病的研究結果寫成兩篇論文分別發表於美國和英國的植物病理雜誌。那時正好有一位美國喬治亞州立大學教授刊登廣告要招收一位博士生並提供研究助理獎學金。我建議洪爭坊用那兩篇論文去申請並寫推薦信給那位教授。

2013 年春天回來加拿大後，有一天突然接到一電話。對方開口就說：「老師，我已經來到喬治亞大學，準備開學……」接到洪爭坊電話的心情，就像我當年在 Saskatoon 接到恩師 Dr. Patrick 從多倫多大學打來告知農業部職缺那通電話一樣「非常激動」！洪爭坊現在已學成歸國，在中興大學植物病理學系擔任助理教授。

在台灣五年，我發現很多植物病理學者的研究課題深具創新性，可惜沒有把研究結果發表在國外知名雜誌，以擴大讀者群。其中主要原因是用英文寫作論文的經驗不足。為了提升研究員的英文寫作能力，台灣農業試驗所劉大江所長於 2009 年要求我開一門英文寫作課，名為「Writing Scientific Paper in English」，每週三小時，為期十週。聽說農業試驗所學員反應還不錯，因此所長要求我於 2010 年再開一次課。

又台灣農業試驗所發行《台灣農業研究》刊登農業方面的學術文章。該雜誌在台灣頗富盛名。有一天該所技術服務組方尚仁組長找我，希望能幫忙修改該刊物每篇論文的英文摘要。我接受這份工作近兩年，也因此增加我和農試所很多研究員互動的機會。

記得 2009 年英文寫作班的最後一課，所長頒給我一證書，班長陳烈夫也給我一張全體學員名單和一副有台灣圖形的陶製茶杯。現在每次看見櫥窗裡那一副精美的茶杯就不禁想起在台灣那段美好時光。想想我那時之所以能夠很有耐心地修改試驗所研究員的英文論文或論文的英文摘要，大概是受我在加拿大農業部那位所長 Dr. Eric Putt 的感召吧！

在台灣農業試驗所五年，我最要感謝的是生物技術組吳明哲組長、植物病理組安寶貞組長和花卉中心謝廷芳主任。這三位研究員用他們的國科會計畫補助經費，聘請我為「客座講座」，使我有機會和台灣的農業研究人員互動。在台灣期間，他們三人對我照顧有加，使我感受到濃濃的東方人情味。

很多次吳明哲組長和安寶貞組長看見我辦公室有外來訪客，他們就請祕書特地送來兩杯研磨咖啡，不禁讓我回想起 1994 年在北海道北見農業試驗所每天接受咖啡接待那段美好時光。

在台期間，謝廷芳和謝太太蔣麗津和我們互動頻繁。他們常常利用假日開車載我和太太去雲林古坑喝咖啡。

2011 年 5 月，安寶貞組長和謝廷芳開車帶我和太太去雲林西螺參加西瓜節。我們和當地農民一起吃西瓜，隨後他們拿出兩顆「方型大西瓜」，上面刻著祝賀我生日快樂等字樣（圖：121）。這是我這一輩子第一次過生日。他們的用心，令我感動不已。

還有農業試驗所種原組黃勝忠組長曾經和花蓮改良場兩位研究員林學詩（現已升調為台灣農業試驗所所長）及其夫人蔡月夏，於 2007 年來加拿大出差參訪兩個農業試驗所。任務結束後，我們同遊溫哥華島（Vancouver Island）的 Butchart 花園（The Butchart Gardens）（圖：114a）和省政府所在地 Victoria。

2008 年回台灣又有機會和他們見面。黃勝忠和他的太太邱指芳還經常利用週末開車帶我和太太去各地旅遊和享受台灣小吃。值得一提的是邱指芳老師（已退

休）擅長油畫。2008年在台灣時，她送給我們一幅台灣風景油畫（圖：115a）。我們把它掛在餐廳，非常顯眼。

其後她和黃勝忠來加拿大溫哥華島旅遊，看到很多美麗的白皮樺樹。我向她提及我對在北海道看到的白皮樺樹印象深刻。於是她在2012年又送我們一幅油畫，主題是晴空下的樺樹林（圖：115b）。我們把這幅油畫掛在客廳壁爐上。現在每天看到這兩幅畫就想起我們幾家在台灣或在加拿大（圖：114, 125-128）同遊的點點滴滴……還有在台灣那五年，與很多學術界友人交往也使我們的生活更加多采多姿（圖：123, 124）。

我和台灣農業試驗所的關係其實很早。在我大學三年級的時候，學校規定暑假要到校外實習才能畢業。我和好友王金池一起報名去台灣農業試驗所實習。那時的試驗所還在台北舊址，實驗室都是一些老舊的日式房子。後來台灣農業試驗所遷移到台中縣霧峰鄉這一美麗而開闊的鄉下地方，每一組有一棟現代化的研究大樓（圖：116）和一大片規劃完整的試驗園區（圖：117）。

在農業試驗所服務那五年，我們住在所裡的學人宿舍（圖：116c），因此宿舍附近那一大片美麗的試驗田就成為我們散步運動的好去處。為了方便農用車輛通行，整個試驗園區的道路都用混凝土鋪得很平整，通常慢步走完園區主要道路大約需要一個多小時。我太太往往每天去走兩趟，一次在清晨自己單獨出去散步，另一次則是等我下班後再一起去，有時她還會向我提起早上和黃昏看到不同景物的感受。大部分時間，黃昏出來散步的人寥寥無幾，偶爾遇到的也大多是所裡的員工和少數幾位從村裡來的人，見面時大家互相親切地打個招呼或閒聊幾句。

在園區裡，除了看到各色各樣農作物的生長、開花、結果隨著季節而變化之外，還會經常看到很多不同鳥類來覓食和棲息。例如台灣白鷺（學名：*Egretta garzetta*，英文名：Egret），在水稻收割時都會成群飛來田裡覓食（圖：117c, d）。聽說這些都是台灣中部地區的特殊白鷺，是「台中市鳥」。另外一種鳥是喜歡棲息於水稻田裡的林鷸（學名：*Tringa glareola*，英文名：Wood Sandpiper）（圖：117b）。這種鳥的習性，可能與水稻田的生態環境有關。

我發現在水稻生長的初期到中期，有一種橙紅色的螺卵掛在水稻莖葉上

113

（圖：117b）。所裡員工告訴我這種螺是水稻重要害蟲。我查一下文獻記載林鷸喜歡吃昆蟲、螺類、蠕蟲。所以牠喜歡在水稻田棲息，很有可能是因為有螺卵可吃食的緣故。如果有人能研究利用林鷸鳥把水稻田的有害螺類清除乾淨，那會是一項多麼重大的發現與貢獻！

「國立中興大學」是我這一輩子最難忘的地方（圖：4）。它是我的植物病理專業啓蒙學校，也是拓展我植物病理學知識的溫床。

除了在植物病理系念四年書和擔任三年助教之外，我在加拿大農業部服務期間，曾四度應邀回系參與植物病害研究工作，其中包括 1987 年在孫守恭教授實驗室，以及 1992、1997 和 2003 年在黃振文教授實驗室。那些年在植物病理系實驗室遇到的學生，如謝廷芳、石信德、羅朝村、陳金枝、鍾文全、陳美杏、洪爭坊、郭章信、陳啓予等，今日在台灣的農業界或教育界都有很優異的表現，內心著實爲他們高興。

另外，中興大學植物病理系也是我和兒子 Timothy Huang 能夠遇到另一半的好地方。首先是 1963 年我在陳大武教授實驗室認識我的太太林素道（圖：16），隨後是 2004 年我的兒子 Timothy 在黃振文教授實驗室認識他的太太 Machiko Muto（武藤 眞知子）（圖：130a）。

記得我於 2003 年底前往中興大學植物病理系擔任客座教授。報到後第二天，黃振文教授的太太邱秋月告訴我們說：「黃振文的實驗室來了一位日本的研究生，年紀和 Timothy Huang 差不多，可以找機會介紹他們相互認識。」

我星期一去植病系上班時和 Machiko 見面，交談中才知道她在黃振文教授實驗室的研究工作已經結束，開始寫博士論文。那時 Timothy Huang 剛取得博士學位，準備前往美國加州聖地牙哥（San Diego）的斯克里普斯研究所（The Scripps Research Institute）擔任博士後研究員（Postdoctoral Fellow）。

因爲他的博士論文是有關微生物（酵母菌）的分子遺傳學研究，黃振文教授（兼植病系主任）於 2004 年初邀請他來中興大學植物病理系訪問和針對他的博士論文做一場演講。Timothy 在台灣停留兩星期與 Machiko 相識。

Timothy 回美國以後，Machiko 和我們（太太和女兒）仍有機會相處。例如一同前往溪頭、水里（圖：130b, c）、集集等地郊遊，或在植病系一起搓湯圓慶

祝冬至和參加系裡的聖誕晚會等活動。另外，Machiko 邀我和太太每天清早去中興大學操場練習太極拳，直到上班時間才結束。因為我和太太都是初學，動作跟不上大家，老師常常把我們兩人叫到一邊，請 Machiko 單獨教我們。有一次我們去南投惠蓀林場渡假，第二天清晨還看到 Machiko 在用心地教黃振文太太邱秋月和我太太林素道打太極拳。

Machiko 於 2005 年取得東京農業大學博士學位以後，有一天我們在加拿大突然接到兒子 Timothy 的電話告知他已經在 Scripps Research Institute 替 Machiko 找到博士後研究員（Postdoctoral Fellow）的工作，只是同校不同系。

這樣進一步提供了他們兩人相處的機會，並於 2009 年 5 月在東京結婚（圖：131c, d）。黃振文夫婦和我們一同前往東京參加這場隆重的日式婚禮。同年 6 月我們特別為 Timothy 和 Machiko 在台中舉辦一場隆重的中式婚禮，宴請 Machiko 和我們在台灣的師長、同學、親戚和朋友。2014 年我們去 San Diego 看望兒子 Timothy、媳婦 Machiko 和剛滿一歲的可愛孫子 Isaac Huang（圖：134b, d），見到他們一家美滿幸福，心裡替他們高興。

我們結交的一位日本朋友 Dr. Izumi Saito，從日本北海道農業試驗所退休後，他又前往北海道三供公司（Hokkai Sankyo Co.）擔任顧問。2011 年，我在台灣農業試驗所當訪問學者時，突然接到他的電話，告知他人在台北。原來他已經辭去顧問職，公司提供退休福利給他來台灣旅遊。

我們去台北接他來台灣中部玩兩天，由謝廷芳開車，一起去參觀中台禪寺、埔里酒廠，和去彰化王功看海景、吃海鮮等，玩得很盡興（圖：122）。晚上他、我和我太太三個人在客廳聊天，談起我們 1992 年去北海道訪問他時，他們夫婦把主臥室讓給我們一家四口，使我們感激不已。

他來台灣時還特別送給我們一對精美茶杯和一張有他簽名蓋章的照片（圖：115d）。他說那張照片是 2005 年（即平成 17 年，乙酉年）1 月 9 日，大雪過後他看見一隻大老鷹停在他家後院的柏樹上，感到很興奮，立刻用相機把牠拍下來。最令我們驚訝的是，他竟然在照片上題了一首中文七言詩，用以表明心志。

該詩題名為〈述懷〉，其內容寫著：「柏樹鷹來乙酉春，天聲茲鼓大愚人；歸田十載猶無悟，遙望青雲步一伸。」我只知道 Dr. Saito 曾經對我提及他的母親

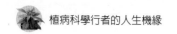

在東京是小學老師，那個年代的老師很多都精通漢文，但是我不知道 Dr. Saito 的中文造詣卻這麼深。

　　他來台灣看我們，晚上聊天時又告訴我們，他也得到一筆退休金。他取得太太的同意，把這筆錢拿去北海道大學註冊，修習分子生物技術（如 PCR 等）用來鑑定真菌種類。他說夏天自己開車去學校，冬天則乘坐火車去上學。同時，他還在和蘇聯莫斯科植物園園長合作研究寒帶菌核類的真菌，如果發現新種就共同發表論文。

　　從 Dr. Saito 那一首詩看來，他已經從農業試驗所所長的位置退下來十年了，但是還不遺餘力地追求學術真理，一心想學後院柏樹上那隻老鷹再向高空衝刺一番。他對學術的執著，真是令我敬佩。Dr. Saito 的例子印證了「人生七十才開始」這句名言。

九、
回加拿大的居家生活

　　自加拿大農業部退休以後，鄭國展博士和我都搬到加拿大西部英屬哥倫比亞省（British Columbia）的 Richmond 市定居。我們兩家仍然過從甚密。有很長一段時間，鄭國展和我每星期三都去和幾位朋友聚餐，然後再轉往一家咖啡廳喝咖啡聊天。喝咖啡的時候，鄭博士總是一個發言者，而我總是一個傾聽者。大家喜歡聽他的高談闊論，有一次他談到和 Saskatoon 試驗所的研究員合作研發一種不會造成牛隻腹部鼓脹的苜蓿（Non-bloat alfalfa）新品種，該試驗所所長把品種權利金（Royalties）用現金分給每位參與研發人員。所以他把分到的現金放入自己口袋。

　　同時他取笑我在 Lethbridge 試驗所和育種人員共同研發了二十六個豐產、抗病的作物新品種（苜蓿、菜豆、紅花和向日葵）和四個新品系（Strain or Line），回饋金卻一分錢也沒拿到，只有每年給我一個暑期工讀生幫忙我的研究工作。大家聽了都哈哈大笑。

　　又有一次，他說當年他出國時，他的父親賣了一甲土地（約 0.97 公頃）作為他出國留學的費用。這時他很得意地談著，而我卻只低著頭，靜靜地喝著我的藍山咖啡和吃著面前那一盤水果，因為我出國時連機票的錢都是借來的，沒有什麼好炫耀。

　　有一天去他家吃飯，看到他家客廳牆上掛著一幅他台灣老家的照片。那是我這一輩子第一次看到的典型「兩進四合院」建築，果然他是出生於一個望族家庭。不禁令人讚嘆「這個世間，人各有命」！

　　雖然我們兩家的對比是如此鮮明，我們仍然是非常要好的朋友，往來頻繁，尤其是鄭太太 Amy 對我們更是關懷倍至。這大概是因為在 Lethbridge 農業試驗所那麼多年的合作研究，已經把我們兩家牢牢地綁在一起了。

　　2007 年搬到 Richmond 以後，我去苗圃買了一棵梨樹（品種二十世紀梨），種在我們家的小後院。這棵樹每年春天開滿白色花朵，但只結出許多容易裂開的小果實。

　　我決定用嫁接方法來提高這棵樹的生產力，只可惜我對嫁接技術不熟悉。當我 2008-2013 年在台灣農業試驗所服務時，看到技術服務組每年都會開設一門農業推廣課程。第一堂課總是以番石榴植株為材料，學習嫁接技術。下班後回宿

舍，經過那棟大樓，看到門口那些嫁接的番石榴植株，我總是提醒自己明年一定要去上這門課。遺憾的是，時間一年又一年過去，那五年期間，我都錯過了學習嫁接技術的機會。

因此，回來加拿大後，我只能通過網路，找資料自己摸索。我每年春天練習嫁接。每次嫁接後，我會天天檢查嫁接的芽，看嫁接是否成功。每當我看到嫁接成功時，會感到非常興奮。這種興奮的感覺就好像是一位科學家在他的研究中有了新發現那樣。

剛開始時，我的嫁接成功率很低，但是通過每年的練習和技術改進，我現在的嫁接成功率已可達到 60-80%。在過去的十二年中，我已在這棵梨樹上成功嫁接了十三個新品種，包括六個歐洲梨（*Pyrus communis*）品種，例如 Bartlett（圖：141a）、Anjou、Comice、Summercrisp、Russett 和 Spartlet；六個亞洲梨（*Pyrus pyrifolia*）品種，例如新世紀梨（Shinseiki）（圖：141c）、長十郎梨（Chojuro）（圖：141b）、豐水梨（Hosui）、幸水梨（Kosui）、新興梨（Shinko）和韓國梨（Korean Pear）；以及一個香梨或稱滿州梨（Manchurian pear，學名：*Pyrus ussuriensis*）品種。

這些嫁接梨品種中，很多已經開始結果，每年秋天，孫子們都會問樹上的梨是否可以吃了？因為品種間果實風味差異很大，我就藉孫子們吃梨時打分數，並將這些測試結果製成一張「梨品種風味比較表」，用來決定那些嫁接品種要保留或應該淘汰。我發現這種測試方法很靈驗，如果梨的果實不甜，我的孫子們會馬上把它扔掉。相反的，如果是喜歡吃的梨，他們不但會把果實啃得很乾淨，而且還會要求再來一個（圖：141d）。

這棵梨樹的果實，孫子們喜歡的品種我太太也都喜愛。有一天，我從市場買了幾顆碩大的東方梨給太太吃，但她卻拒絕了。我問她為什麼？她回答說：「買來的梨味道遠不如我們自家後院那些嫁接梨！」我聽了她的回話，心中暗喜，覺得很有成就感。

從後院這一棵梨樹，我又發現十三個嫁接品種對梨銹病（Rust）又稱赤星病的抵抗性大不相同。六個亞洲梨（*Pyrus pyrifolia*）都是抗病品種（Resistant variety），葉片翠綠，無病斑（圖141b, c），而六個歐洲梨（*Pyrus communis*）和一個

香梨（*Pyrus ussuriensis*）卻都是罹病品種（Susceptible variety），葉片布滿大而鮮明的橙紅色病斑。例如歐洲梨中最重要的品種 Bartlett，銹病也非常嚴重（圖：141a）。

每年秋天看到這些歐洲梨的葉片上布滿銹病病斑時，我腦中又開始想著「為什麼亞洲梨能抵抗銹病，而歐洲梨和滿州梨卻容易得銹病」？這個問題又可以用來訓練好幾位博士研究生。當我把這一現象和想法告訴太太時，她只簡短地回應一句：「你的職業病又發作了！」

2013 年自台灣回來後，我們有更多的時間和孫子們一起出遊（圖：134, 135）或在住家後院一起種花種菜。

有好幾次，冬天已經來臨，後院草地上鋪滿細雪，他們還不停要求奶奶帶他們去後院澆花。看他們祖孫兩人穿著大衣，提著水壺在雪地上走來走去，就像夏天那樣，對著花圃裡的玫瑰，耐心地澆著水。那種情景真是既可愛又逗趣。他們祖孫兩人留在後院雪地上那些腳印，看起來就像一幅美麗的圖畫。

孫子們天真無邪的行為和動作給我們帶來不少返老還童的樂趣（圖：132）。只是這幾個孫子都精力充沛，又喜歡運動，我和太太經常被迫和他們一起打球運動（圖：133），實在吃不消。真是令人慨嘆「韶光易逝，歲月不待人，一眨眼就老了」！

十、

結語和省思

綜觀我走過的這一條人生路，它不但是狹窄、崎嶇不平，而且是九彎十八拐。慶幸的是每當我走在跌宕起伏的路途中，總是有貴人出現，默默地扶持我，用力地拉拔我。

這種福分是命中註定？是緣分⋯⋯？？還是⋯⋯？？？心中一長串的問號，怎麼也說不清。

俗語說：「命在老天，運靠自己」，可是仔細回顧我這一生，我的運氣也都是靠老天幫忙。在台灣求學時，我怎麼會遇到吳英揚、呂煉煜、徐茂麟、王金池等這幾位那麼關心我和幫助我的同學。我怎麼會料到，在茫茫人海中會出現周阿里姑婆，她在我升學的關鍵時刻，提供我吃住，使我能安心念書，順利考上大學。她站在桃園大檜溪橋上呼喚我回家吃中飯的情景，至今仍清晰地印在我的腦海中。

在中興大學念書和擔任助教期間受孫守恭、羅清澤、陳大武等教授提攜，其後多次與黃振文教授互動都大大地提升了我在職場奮鬥的勇氣和動力。

又我何其有幸，在大學念書時會有一位林素道小姐出現，而且她明知我一貧如洗，還是甘願和我廝守終身，同甘共苦，不離不棄。她不但是賢妻而且也是良母。由於她一生辛勞持家，才給了我們兩個孩子一個快樂的童年（圖：49, 50）和幸福的未來（圖：131）。

出國到加拿大留學時，我怎麼會在剛剛抵達新國境的第二天就遇到那位姓伍的退休廚師。他在我饑餓難耐時給我一杯牛奶和一個三明治，那種滋味和感覺是無法用言語來形容。

我也不知道為什麼會遇到遠在加拿大的 Dr. Patrick 教授，僅憑我給他的一封航空信就給我全額獎學金出國留學，而且我因故無法成行，他還特別把我的獎學金保留一年。更甚者，Dr. Patrick 在我留學和就業期間還一直默默地協助我、鼓勵我，給我心中留下永遠不會磨滅的記憶。

在加拿大農業部服務期間，我怎麼會遇到像 Dr. Dorrell、Dr. Putt、Dr. Atkinson、Dr. Sonntag 和 Dr. Morgan-Jones 等多位知人善用的所長，像 Dr. Tinline 那樣善良的主任，和多位樂於和我共事的研究同仁。至今我仍懷疑著人世間怎麼會有像 Dr. Putt 那樣的所長，寧願把自己的行政工作放一邊，用了大半天時間和心血，幫助我修訂文稿，使我能夠順利發表論文。不僅如此，Dr. Putt 的遺孀還特別在

Saskatechewan 大學（University of Saskatechewan）設立一「Eric Putt 紀念獎學金」（Eric Putt Memorial Scholarship），每年發給一名該校植物系從事特用作物（如油料作物、豆類作物）論文的優秀研究生（參考：https://agbiousaskca/programs/eric-putt-memorial-scholarship-in-plant-sciences-applicationphp）。特用作物在台灣也深具經濟重要性，我眞心希望有朝一日，這一 Dr. Eric Putt 紀念獎學金也能嘉惠台灣來該校植物系就讀的學生。

在日本和 Dr. Komada、Dr. Saito、Dr. Kodama 等學界知名的研究員合作，使我的研究更上層樓。

也是老天賜給太太和我的好運，使我們能夠遇到 Andy 和 Lynn Russell 這對夫婦。他們給我子女和太太的溫暖和恩情是無法用言語所能形容的。

現在我才漸漸了解到有一年回中興大學擔任客座教授期間，週末回桃園省親時，我爲什麼會特別請二妹黃碧珠帶我去一家唱片行找阿吉仔所唱的那一首台語歌曲〈好歹都是命〉。因爲它的歌詞：「一款人生作一款命。……好歹都是命，我會認分來走……」正是反映我一生的最佳寫照。

當年我在桃園街上拼命尋找阿吉仔那張唱片，原來是想用來撫平早年的心靈創傷。隨著光陰的流逝，我對「人生這條路爲何這麼難走」的困惑，終於產生了全新的認知和感受，心中也由掙扎而漸漸趨於平靜、釋懷。

我在加拿大農業部服務期間，有機會和美國、日本、台灣和中國等國外學者交流，都是歷任所長大力支持的結果。

例如我和日本學者建立長期合作關係，都是 Dr. Dorrell 大力進行政府與政府之間協調而促成。即使他升調去總部擔任總監（Director General）以後，仍然關心著我，每次看到我的好消息，例如我升爲首席研究員和農業部長來所頒發給我服務貢獻獎（圖：111d, e）等，他都會以總監的身分寫一封信向我道賀。

最讓我難忘的是在我 2006 年退休後沒多久，突然接到 Dr. Dorrell 和他太太 Lora 從 Lethbridge 旅館打電話來約我和太太同進晚餐。當天晚上由他做東，四個人到一家由舊水塔改裝的別緻餐廳，一面享受 Alberta 頂級牛排和法國紅酒，一面聊天，從兩家小孩在 Morden 那個小鎮（當時人口只有五千多）到 Lethbridge 這個城市（當時人口只有七萬多）的點點滴滴，聊到其他很多愉快的往日趣事。

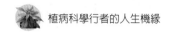

那頓溫馨愜意的晚餐永遠留在太太和我的記憶深處。

謹以此文獻給我今年高齡 104 歲的母親和已離世的父親（圖：137a, 138a）。

當年在大家庭的環境中生活，如果沒有母親去我舅舅家借那幾百元新台幣給我去屏東念書，和父親到處奔走借錢給我買機票出國留學，不知道我現在的人生會變成什麼樣？他們雖然識字不多，但是對子女的養育、呵護都是盡心盡力。

母親還知道很多教人如何面對人生的警世銘言。小時候常聽她在我面前說「一枝草一點露」，我那時跟本不懂這句話是什麼意思！我猜想她是要告訴我天無絕人之路，不只要我認命，還要我拿起勇氣去追求自己的夢想。

大概是早年那些痛苦的經驗，催促我要努力向上。我不斷地告訴自己再苦的人生也要抱著一線希望，因為我深信再混濁的水也能照出一片晴空。明知自己生長在貧窮家庭卻永不認命，還要拚命擁抱著「出國念書」這一殘酷的夢想。

2017 年母親滿百歲時，我回桃園看望她，發現她的視力和聽力都比我好。她的記憶力也很好，我們兩人在客廳聊起我的童年往事，她都記得比我還清楚。她一面和我聊天，一面用一把早年割稻用的鐮刀剝大蒜皮。我一直擔心她割破手，但是沒多久，只見她面前那一個大碗已經裝滿粒粒雪白的大蒜。

看到媽媽手中那把鐮刀又勾引起我童年那段農家生活的痛苦回憶。諷刺的是那段時間家徒四壁，三餐吃的只是空心菜、菜脯配番薯稀飯，心中總是充滿著怨恨和無奈。沒想到八十年後，每天早餐最喜歡吃的卻是「番薯稀飯配菜脯」，尤其是謝廷芳的媽媽親手做的那種「古早味菜脯」！

現在如果在菜市場看到小時侯最討厭吃的空心菜，我也一定會隨手買一把回來，只是每當炒空心菜時，太太都要先把莖部去掉只留嫩葉，而我卻堅持要連莖帶葉炒，一點也不能丟！兩人每次為「炒空心菜」爭執時，太太最後總會補上一句：「你大概是小時候窮怕了！」我聽了卻無言以對。這種情景，大概就是我「人生」的一種反諷吧！

感謝上蒼給我機會和很多加拿大、美國、台灣、日本和中國等國家的研究人員互動並貢獻我所學。我一生總共發表了二百七十二篇植物病害的科學論文。我所獲得的主要獎項包括：

1980-1990 年獲聘加拿大「University of Manitoba 兼任教授」；

1987 年獲頒日本政府科技廳「外籍專家研究獎」；

1992-2002 年獲聘「中國華中農業大學兼任教授」；

1997-2001 年獲聘「中國農業大學兼任教授」；

1994 年獲聘「日本北海道政府特聘研究員」；

1997 年獲頒「竹圍國小傑出校友獎」（圖：113c）；

1998-2002 年獲聘「中國農業科學院、研究生院兼任教授」；

1998-2003 年獲聘「台灣國立中興大學兼任教授」；

2003 年獲頒加拿大植物病理學會「傑出研究獎」（圖：111a）；

2004 年獲頒中華民國植物病理學會「植物病理傑出貢獻獎」（圖：113a）；

2008-2013 年獲聘國科會和農委會「研究講座教授」（在農業試驗所服務）；

2008-2011 年獲聘國立中興大學「講座教授」（圖：113b）；

以及 2011 年獲頒「國立中興大學第十五屆傑出校友」（圖：113d, e）等。

　　比起他人，我這些著作和獎項實在微不足道，但是我必須記下，因為它是我一生的光榮印記，我必須把這些榮耀送給曾經幫助過我和提攜過我的所有貴人，其中包括長官、同事、親戚朋友和家人。由於他們的出現，才使我能夠從困境中走出一條陽關大道。

　　從我的人生經歷中，我深深體會到每一個人的命運不會是永遠悲慘的，重要的是如何面對困境，走出困境。只要有信心，壓力就會變成助力和動力。其實人生經歷一些波折，並不一定就是壞事，因為經過一些艱難困苦後，往往能讓人快速成長。我一直把「你有多努力，人生就有多精彩」這句話當作我人生的座右銘。

　　我也深信唯有積極進取、努力不懈，才能克服萬難，讓自己走出一條「彩色的人生路」。我的專業是研究植物病害。對於某些人來說，這可能是無關緊要的冷門行業。但是，我認為任何可以改善人類生活品質的工作都是一種好的工作，值得我們社會的支持和肯定。我深信再微小的蠟燭也會發出一點亮光。

　　一個真正努力工作，努力追求夢想的人，不管他從事的是什麼行業、什麼工作，只要一步一腳印，全力以赴，他的人生最壞結局也只不過是「大器晚成」罷了。

在電視節目中偶然看到有人提醒「若要幸福，就不要寫憂傷」，可是我這一生的幸福是經歷過不斷的掙扎和無數次的憂傷才得來的！過去八十多年的滄桑歲月中，惠我助我的恩人無數。他們的話語，至今仍記憶猶新，永遠烙印在我心中。是恩人的激勵，使我能夠克服萬難超越自己。

從數不完的陳舊往事中，我深深地體悟到一個人生哲理，那就是我們雖然無法選擇出生，但是可以選擇如何走完人生。我們雖然無法避開苦難，但是可以選擇用什麼態度面對苦難。凡事能夠吃苦並且堅持到最後的人，通常都會是贏家，因為好的運氣都是自己攢來的。我這一生的經歷使我深深的體會到命運總是眷顧那些努力奮鬥的人。

我也深信「自助人助」的道理，要想得到別人的賞識，就要先提高自己的能力。世間善人多，如果他們發現你是可造就之才，一定會樂意伸手拉你一把。我常常勉勵我的子女「如果想要成功，一定要讓你的紀錄先行」，有了良好的紀錄，貴人就自然會出現，幫助你開創出一片你想要的新天地。記得 2003 年遊黃山，到達第一站就看見黃山巨岩上那棵孤松（迎客松），它給我的一種感受是「原來在飽受風霜的歲月中努力地活著也是一種高尚的情操」。

大概是小時候媽媽不讓我去竹圍海邊玩的緣故，2013 年回加拿大後，我特別喜歡去海邊檢石頭、欣賞海景、看落日（圖：142）。我和太太每次看見海上那一大片波光粼粼彩霞滿天時，總會情不自禁地覺得我們好像又回到往日在台灣的竹圍海水浴場、福隆海水浴場、野柳海邊、西子灣海邊、佳洛水海邊、墾丁海邊、花蓮海邊、王功海邊、澎湖海邊，以及在夏威夷海邊、聖地牙哥海邊和安大略湖邊欣賞落日那些情景。從 Richmond 的 Steveston 海港或在陽光海岸（Sunshine Coast）那片大海向西邊望去，海的盡頭就是一條不高但是很長的山脈，那是加拿大的溫哥華島（圖：142）。海上那一條山脈看起來很像在台灣高速公路上看到遠處那座中央山脈。望著加拿大西部海上的遠山，內心總是幻想著山的背後就是我的故鄉台灣了！我們每次去住家附近的海邊或較遠的陽光海岸時，心裡都充滿著興奮和期待，可是返家途中兩人心中總是有一種莫名的失落、感傷和惆悵！

　　記得 1989 年 5 月 9 日遊武漢歸元寺武候祠時，看見入口處兩邊門柱上寫著一副對聯：「世外人法無定法然後知非法法也；天下事了猶未了何妨以不了了之」。上聯是教人凡事不要按步就班，該創新的時候就要大膽創新；而下聯是教人凡事不要過於執著，該釋懷的時候就要坦然釋懷。

　　這副對聯的上聯就是我上半生在職場奮鬥的寫照，而下聯則是我還在努力追求的一個坦然而釋懷的餘生。不經意間，照照鏡子才發現人生太短暫，還沒好好感受年輕就已經是滿臉的皺紋了！

　　俗話說「人生如戲」。很慶幸地，我終於能把「我平凡的一生」這一齣戲演完，是該謝幕的時候了。如果現代醫學上有一種「回憶療法（Reminiscence Therapy）」或「懷舊治療（Nostalgia Treatment）」，可以用來把我一生經歷過的所有痛苦通通拋諸腦外，而將我一生享受過的所有歡樂通通留在記憶深處，讓我了無牽掛、從容老去，那該多好！

十一、

誌謝
（Acknowledgements）

本書可以順利付梓，讓我能夠圓夢，要特別感謝國立中興大學副校長黃振文教授和農委會農業試驗所植物病理組組長謝廷芳博士的鼓勵與支持。

尤其要感謝他們捐出由我們三人共同編著，經五南圖書出版股份有限公司出版的《永續農業之植物病害管理》一書的版稅，並承蒙民生科技文教基金會董事羅朝村院長的贊助，使本書得以順利出版。

作者也要感謝林筑蘋助理研究員、洪爭坊助理教授、黃鴻玉教授、林鎮山教授、王稜瑜老師和林素祥老師細心閱讀和修改手稿；黃晉興博士和陳美杏博士提供照片；以及中興大學校史館蔡宗憲組長、圖書館鐘杏芬組長和公關組林佳儀小姐幫忙尋找我在中興大學念書時的陳年舊照和舊報紙。

本書文稿和圖版又經林筑蘋助理研究員和洪爭坊助理教授精心編排，也在此一併致上謝忱。

十二、

補遺（Addendum）

　　我從 2019 年開始著手寫這本書，想把自己過往八十年的歲月做一回顧。2021 年我的愛妻——黃（林）素道，病逝。謹以此書獻上對愛妻無盡的思念，她怎麼能夠僅僅陪我走這麼短的一程，就留下我一個人孤獨地渡過餘生？

黃鴻章 2021 年 5 月 22 日於 Richmond，BC，Canada

十三、

參考文獻

1. Acharya, S. N., Huang, H. C., and Hanna, M. R. 1995. Registration of "AC Blue J" alfalfa. Crop Science 35: 1225-1226.

2. Acharya, S. N., and Huang, H. C. 2000. 'AC Longview' alfalfa. Canadian Journal of Plant Science 80: 613-615.

3. Cook, R. J. and Baker, K. F. 1983. The Nature and Practice of Biological Control of PlantPathogens. American Phytopathological Society, St. Paul, Minn. 539 pp.

4. Hanna, M. R., and Huang, H. C. 1987. 'Barrier' alfalfa. Canadian Journal of Plant Science 67: 827-830.

5. Harper, A. M., and Huang, H. C. 1984. Contamination of insects by the plant pathogen *Verticillium albo-atrum* in an alfalfa field. Environmental Entomology 13: 117-120.

6. Hsieh, T. F., Huang, H. C., Erickson, R. S., Yanke, L. J., and Mündel, H. H. 2002. First report of bacterial wilt of common bean caused by *Curtobacterium flaccumfaciens* in Western Canada. Plant Disease 86 (11): 1275.

7. Huang, H. C., and Tinline, R. D. 1974. Somatic mitosis in haploid and diploid strains of *Cochliobolus sativus*. Canadian Journal of Botany 52: 1561-1568.

8. Huang, H. C., Tinline, R. D. and Fowke, L. C. 1975. Ultrastructure of somatic mitosis in a diploid strain of the plant pathogenic fungus *Cochliobolus sativus*. Canadian Journal of Botany 53(4): 403-414.

9. Huang, H. C., and Hoes, J. A. 1976. Penetration and infection of *Sclerotinia sclerotiorum* by *Coniothyrium minitans*. Canadian Journal of Botany 54: 406-410.

10. Huang, H. C., and Tinline, R. D. 1976. Histology of *Cochliobolus sativus* infection in subcrown internodes of wheat and barley. Canadian Journal of Botany 54: 1344-1354.

11. Huang, H. C. 1977. Importance of *Coniothyrium minitans* in survival of sclerotia of *Sclerotinia sclerotiorum* in wilted sunflower. Canadian Journal of Botany 55: 289-295.

12. Huang, H. C., and Hoes, J. A. 1980. Importance of plant spacing and sclerotial

position to development of Sclerotinia wilt of sunflower. Plant Disease 64: 81-84.

13. Huang, H. C. 1980. Control of sclerotinia wilt of sunflower by hyperparasites. Canadian Journal of Plant Pathology 2: 26-32.

14. Huang, H. C., and Dueck, J. 1980. Wilt of sunflower from infection by mycelial germinating sclerotia of *Sclerotinia sclerotiorum*. Canadian Journal of Plant Pathology 2: 47-52.

15. Huang, H. C. 1981. Tan sclerotia of *Sclerotinia sclerotiorum*. Canadian Journal of Plant Pathology 3: 136-138.

16. Huang, H. C. 1982. Morphologically abnormal sclerotia of *Sclerotinia sclerotiorum*. Canadian Journal of Microbiology 28: 87-91.

17. Huang, H. C., Harper, A. M., Kokko, E. G. and Howard, R. J. 1983. Aphid transmission of *Verticillium albo-atrum* to alfalfa. Canadian Journal of Plant Pathology 5: 141-147.

18. Huang, H. C., and Richards, K. W. 1983. *Verticillium albo-atrum* contamination on leaf pieces forming cells for the alfalfa leafcutter bee. Canadian Journal of Plant Pathology 5: 248-250.

19. Huang, H. C., and Harper, A. M. 1985. Survival of *Verticillium albo-atrum* from alfalfa in feces of leaf-chewing insects. Phytopathology 75: 206-208.

20. Huang, H. C., Hanna, M. R. and Kokko, E. G. 1985. Mechanisms of seed contamination by *Verticillium albo-atrum* in alfalfa. Phytopathology 75: 482-488.

21. Huang, H. C. 1985. Factors affecting myceliogenic germination of sclerotia of *Sclerotinia sclerotiorum*. Phytopathology 75: 433-437.

22. Huang, H. C., and Kokko, E. G. 1985. Infection of alfalfa pollen by *Verticillium albo-atrum*. Phytopathology 75: 859-865.

23. Huang, H. C., Richards, K. W. and Kokko, E. G. 1986. Role of the leafcutter bee in dissemination of *Verticillium albo-atrum* in alfalfa. Phytopathology 76: 75-79.

24. Huang, H. C., Hironaka, R. and Howard, R. J. 1986. Survival of *Verticillium albo-atrum* in alfalfa tissue buried in manure or fed to sheep. Plant Disease 70: 218-221.

25. Huang, H. C., and Sun, S. K. 1989. Comparative studies on myceliogenic germination of tan sclerotia of *Sclerotinia sclerotiorum* and *Sclerotium rolfsii*. Canadian Journal of Botany 67: 1395-1401.

26. Huang, H. C., Saito, I., Tajimi, A., Phillippe, L. M. and Kokko, E. G. 1990. Effect of tricyclazole and pyroquilon on myceliogenic germination of sclerotia of *Sclerotinia sclerotiorum, S. minor, S. trifoliorum* and *Sclerotinia* sp. Transactions of the Mycological Society of Japan 31: 271-280.

27. Huang, H. C., Phillippe, L. M. and Phillippe, R. C. 1990. Pink seed of pea: A new disease caused by *Erwinia rhapontici*. Canadian Journal of Plant Pathology 12: 445-448.

28. Huang, H. C., and Hanna, M. R. 1991. An efficient method to evaluate alfalfa cultivars for resistance to verticillium wilt. Canadian Journal of Plant Science 71: 871-875.

29. Huang, H. C., and Kozub, G. C. 1991. Temperature requirements for carpogenic germination of sclerotia of *Sclerotinia sclerotiorum* isolates of different geographic origin. Botanical Bulletin of Academia Sinica 32: 279-286.

30. Huang, H. C., and Kokko, E. G. 1992. Pod rot of dry peas due to infection by ascospores of *Sclerotinia sclerotiorum*. Plant Disease 76(6): 597-600.

31. Huang, H. C., Morrison, R. J., Mündel, H. -H., Barr, D. J. S., Klassen, G. R., and Buchko, J. 1992. *Pythium* sp. "group G", a form of *Pythium ultimum* causing damping-off of safflower. Canadian Journal of Plant Pathology 14: 229-232.

32. Huang, H. C. and Kokko, E. G. 1993. Infection of pea pollen by *Sclerotinia sclerotiorum*. Plant Pathology (Trends in Agric. Sci.) 1: 13-17.

33. Huang, H. C., Marshall, H. H., Collicutt, L. M., McLaren, D. L., and Kokko, M. J. 1993. Screening hardy chrysanthemums for resistance to *Fusarium oxysporum* f. sp. *chrysanthemi* Race 2. Plant Pathology Bulletin 2: 103-105.

34. Huang, H. C., and Kozub, G. C. 1994. Germination of immature and mature sclerotia of *Sclerotinia sclerotiorum*. Botanical Bulletin of Academia Sinica 35(4): 243-247.

35. Huang, H. C., and Kozub, G. C. 1994. Longevity of normal and abnormal sclerotia of *Sclerotinia sclerotiorum*. Plant Disease 78: 1164-1166.

36. Huang, H. C., and Blackshaw, R. E. 1995. Influence of herbicides on the carpogenic germination of *Sclerotinia sclerotiorum* sclerotia. Botanical Bulletin of Academia Sinica 36(1): 59-64.

37. Huang, H. C., Kokko, E. G., and Erickson, R. S. 1997. Infection of alfalfa pollen by *Sclerotinia sclerotiorum*. Phytoparasitica 25(1): 17-24.

38. Huang, H. C., Kokko, E. G., Erickson, R. S., and Hynes, R. K. 1998. Infection of canola pollen by *Sclerotinia sclerotiorum*. Plant Pathology Bulletin 7: 71-77.

39. Huang, H. C., Kokko, E. G., and Erickson, R. S. 1999. Infection of alfalfa pollen by *Botrytis cinerea*. Botanical Bulletin of Academia Sinica 40: 101-106.

40. Huang, H. C., and Yeung, J. M. 2002. Biochemical pathway of the formation of abnormal sclerotia of *Sclerotinia sclerotiorum*. Plant Pathology Bulletin 11: 1-6.

41. Huang, H. C., Erickson, R. S., Yanke, L. J., Mündel, H. -H., and Hsieh, T. F. 2002. First report of pink seed of common bean caused by *Erwinia rhapontici*. Plant Disease 86: 921.

42. Huang, H. C., Kodama, F., Akashi, K., and Konno, K. 2002. Impact of crop rotation on soilborne diseases of kidney bean: A case study in northern Japan. Plant Pathology Bulletin 11: 87-96.

43. Huang, H. C., Kokko, E. G., and Huang, J. W. 2003. Infection of Alfalfa (*Medicago sativa* L.) pollen by mycoparasitic fungi *Coniothyrium minitans* Campbell and *Gliocladium catenulatum* Gilman and Abbott. Revista Mexicana de Fitopatologia 21: 117-122.

44. Huang, H. C. 2003. Verticillium wilt of alfalfa: Epidemiology and control strategies. Canadian Journal of Plant Pathology 25: 328-338.

45. Huang, H. C., and Erickson, R. S. 2007. Effect of seed treatment with *Rhizobium leguminosarum* on Pythium damping-off, seedling height, root nodulation, root biomass, shoot biomass and seed yield of pea and lentil. Journal of Phytopathology 155: 31-37.

46. Huang, H. C., Erickson, R. S., Hsieh, T. F., Conner, R. L., and Balasubramanian, P. M. 2009. Resurgence of bacterial wilt of common bean in North America. Canadian Journal of Plant Pathology 31: 1-11.

47. Johnson, D. L., Huang, H. C. and Harper, A. M. 1988. Mortality of grasshoppers (Orthoptera: Acrididae) inoculated with a Canadian isolate of the fungus *Verticillium lecanii*. Journal of Invertebrate Pathology 52(2): 335-342.

48. Li, G. Q., Huang, H. C., Acharya, S. N., and Erickson, R. S. 2004. Biological control of blossom blight of alfalfa caused by *Botrytis cinerea* under environmentally controlled and field conditions. Plant Disease 88: 1246-1251.

49. Ma, P., Huang, H. C., Kokko, E. G., and Tang, W. H. 2000. Infection of cotton pollen by *Verticillium dahliae*. Plant Pathology Bulletin 9(3): 93-98.

50. Northover, J. 2006. Reminiscence. Canadian Journal of Plant Pathology. 28: S353-354.

51. Ogawa, K. and Komada, H. 1984. Biological control of Fusarium wilt of sweet potato by non-pathogenic *Fusarium oxysporum*. Japanese Journal of Phytopathology 50 (1): 1-9. (In Japanese)

52. Percival, John. 1921. The wheat plant. Duckworth & Co. London.

53. Sato, Rinzo. 1994. Outbreak of alfalfa Verticillium wilt in Hokkaido, Japan. Agricultural Research Quarterly 28(1): 44-51.

54. Smith, E. G., Acharya, S. N., and Huang, H. C. 1995. Economics of growing Verticillium wilt-resistant and adapted alfalfa cultivars in western Canada. Agronomy Journal 87: 1206-1210.

55. Yoshimura, Yasuhiro. 2013. Wheat breeding and improved quality of Japanese noodles in Hokkaido. Nippon Shokuhin Kagaku Kogaku Kaishi. 60 (11): 668-672. [DOI https: //doi.org/10.3136/nskkk.60.668]

十四、
作者簡歷

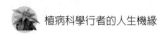

黃鴻章〔Hung-Chang (Henry) Huang〕簡歷

西元（年）	學歷、經歷
1945-1951	桃園縣大園鄉竹圍國民小學（光復後第六屆）
1951-1954	桃園農校初中部（農藝科）
1954-1957	桃園農校高中部（畜牧獸醫科）
1957-1959	屏東農專農藝科（肄業）
1959-1963	省立中興大學植物病理系學士（*B. Sc.*）
1963	中華民國高等考試及植物病理技師（甲種）考試及格
1964-1967	省立中興大學植物病理系助教
1967-1969	加拿大多倫多大學植物病理碩士（*M. Sc.*）
1969-1972	加拿大多倫多大學植物病理博士（*Ph. D.*）
1972-1974	加拿大農業部 Saskatoon 農業試驗所（博士後研究）
1974-1981	加拿大農業部 Morden 農業試驗所（研究員）
1981-1997	加拿大農業及農業食品部 Lethbridge 農業試驗所（資深研究員）
1998-2006	加拿大農業及農業食品部 Lethbridge 農業試驗所（首席研究員）
2005	加拿大農業及農業食品部（榮譽首席研究員）
2008-2011	國立中興大學植物病理系「講座教授」
2008-2013	行政院農委會農業試驗所「研究講座教授」（國科會和農委會聘請）
	其他經歷
1987	日本科技廳特聘研究員
1987	台灣國立中興大學客座教授（國科會聘請）
1992	台灣國立中興大學客座教授（農委會聘請）
1994	日本北海道政府特聘研究員
1997	台灣國立中興大學客座教授（國科會聘請）
2003	台灣國立中興大學客座教授（國科會聘請）
1987-2002	加拿大與日本科技合作計畫（作物菌核病，加方主持人）
1980-1990	加拿大曼尼托巴大學（University of Manitoba）兼任教授
1992-2002	中國武漢華中農業大學大學兼任教授
1997-2001	中國北京中國農業大學兼任教授
1998-2002	中國北京中國農業科學院研究生院兼任教授
1998-2003	台灣國立中興大學兼任教授
2004-2005	台灣國立屏東科技大學兼任教授

1989	加拿大國際開發總署（CIDA）與中國華中農業大學合作計畫（顧問）
1996-2003	加拿大國際開發總署與中國河北農科院合作計畫（病蟲組主持人）
2005	加拿大國際開發總署與中國四川農業科學院合作計畫（顧問）
1977-1980	加拿大食品技術開發公司（CSP Foods Ltd., Saskatchewan）顧問
1987-1988	加拿大生物技術開發公司（Philom Bios Inc., Saskatchewan）顧問
1994-1998	加拿大生物技術開發公司（Agrium Inc., Calgary, Alberta）顧問
榮譽獎項	
1972	加拿大多倫多大學（University of Toronto）「Elizabeth Ann Wintercorbyn Award」
1987	日本政府科技廳「外籍專家研究獎」（Japanese Government Research Awards for Foreign Specialists, Science & Technology Agency, Japan）
1997	台灣桃園市大園鄉竹圍國小「傑出校友」
2003	加拿大植物病理學會「傑出研究獎」（Award for Outstanding Research, Canadian Phytopathological Society, Canada）
2004	台灣中華民國植物病理學會「植物病理傑出貢獻獎」
2011	台灣國立中興大學第十五屆「傑出校友」
其他	
著作、專利	學術論文 272 篇；專書 5 本；應邀評論或專書分章 84 篇；專利 8 項
作物品種註冊	註冊 30 項抗病、豐產、優質作物品種及品系（包括苜蓿、菜豆、紅花、向日葵）
學術會議演講	應邀參加學術演講共 202 次：包括 47 次研討會（Symposium/Conference）和 155 次專題討論（Seminar/Lecture）

十五、

圖說

圖 1　黃鴻章陶雕作品 -I。

a.　陶雕：《相撲 -I》。（作者：黃鴻章，1991 年，長 × 寬 × 高 = 31×22×15 公分；參加 1993 年 Lethbridge 陶藝展）。

b.　陶雕：《Lethbridge 的落山風》（Chinook Winds）。（作者：黃鴻章，1993 年，長 × 寬 × 高 = 23×15×26 公分；參加 1993 年 Lethbridge 陶藝展）。

c.　陶雕：《悲慘世界》。（作者：黃鴻章，1993 年，長 × 寬 × 高 = 30×29×24 公分；參加 1993 年 Lethbridge 陶藝展）。

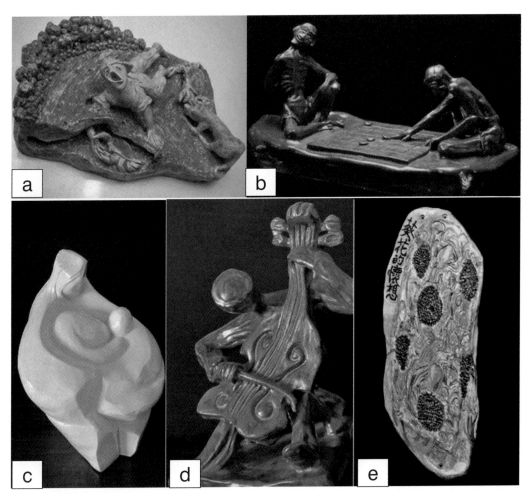

圖2　黃鴻章陶雕作品 -II。

a. 陶雕：《童年的記憶：河邊捉蟹》。（作者：黃鴻章，Lethbridge，1991 年；長 × 寬 × 高 =
   45×25×14 公分）。
b. 陶雕：《兩人對弈，誰是贏家？》。（作者：黃鴻章，Lethbridge，1995 年；長 × 寬 × 高 =
   47×26×24 公分）。
c. 陶雕：《哺乳》。（作者：黃鴻章，Lethbridge，1992 年；長 × 寬 × 高 = 19×19×27 公分）。
d. 陶雕：《大提琴手，Bob》。（作者：黃鴻章，Lethbridge，1996 年；長 × 寬 × 高 = 24×25×29
   公分）。
e. 陶雕：《葵花的懷想》。（作者：黃鴻章，Lethbridge，1995 年；長×寬×高 = 52×19×2公分）。

圖3　黃鴻章在台灣就讀的學校（小學至專科）。

a. 桃園縣竹圍國民小學（1945-1951年）。（照片來源：桃園縣竹圍國民小學創校七十週年校慶專輯封面，1997年）。
b. 桃園農校（1951-1957年）。
c. 屏東農專（1957-1959年）。

圖 4　黃鴻章就讀中興大學（1959-1963 年，台灣台中）。（照片：中興大學提供）。

a.　1960 年代中興大學校門（台中）。
b.　1960 年代舊行政大樓側門（台中）。
c.　新行政大樓（攝於 1987 年）（台中）。

圖5 黃鴻章（前排右）於桃園縣竹圍國小五年級（1950年）。同學都打著赤腳上學，只有一位（鄭有財）（前排左）穿球鞋。

圖 6　黃鴻章就讀桃園農校高中部（1954-1957 年）。

a.　黃鴻章（桃園農校高中部三年級，1957 年）。
b.　呂煉煜（桃園農校高中部三年級，1957 年）。
c.　周阿里女士（左 2）帶著一群孫子赴廟會（1956 年，台灣桃園）。

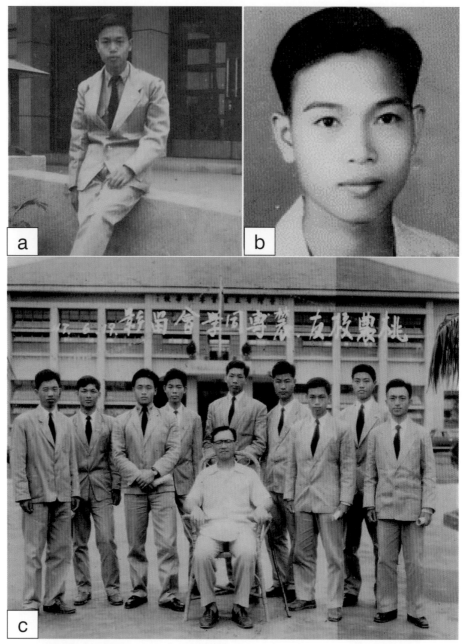

圖 7　黃鴻章就讀屏東農專（1957-1959 年）。

a.　黃鴻章屏東農專一年級（1957 年）。
b.　黃鴻章屏東農專二年級（1959 年）。
c.　焦龍華教授（中坐者）、徐茂麟（左 2）、黃鴻章（右 3）參加屏東農專桃農校友同學會。（1958 年，屏東）。

圖 8　中興大學植物病理系教授。（照片來源：1963 年畢業紀念冊）。

a.　羅清澤教授。
b.　孫守恭教授。
c.　陳大武教授。
d.　陳脈紀教授。

圖9　黃鴻章和朋友在中興大學。

a.　黃鴻章（左）和徐茂麟（右）於中興大學（1961 年）。
b.　黃鴻章（左）和王金池（右）於中興大學（1963 年）。
c.　蔡泰山（左）、黃鴻章（中）、王金池（右）於台中教師會館（1962 年）。

圖 10　黃鴻章在中興大學（1959-1963 年）。

a.　黃鴻章獲得中興大學學士（1963 年）。
b.　黃鴻章專訪刊登於《中華日報》「第十九屆青年節特刊」（1962 年 3 月 29 日）。

圖 11　黃鴻章參與土壤添加物「S-H Mixture」應用之研究。

a.　孫守恭、黃振文發明土壤添加物「S-H Mixture」商品（照片：黃振文提供）。

b.　黃鴻章、孫守恭研究用「S-H Mixture」防治菌核病。圖為成果觀摩會報表（1987 年，中興大學）。

c.　田間試驗：用「S-H Mixture」防治蔬菜病害（1997 年，雲林西螺）。

d.　黃振文（右 1）、黃鴻章（右 2）及家人於「振文書院」（1997 年，雲林西螺）。

e.　「S-H Mixture」發明人孫守恭教授（1986 年，攝於加拿大 Lethbridge 農業試驗所）。

f.　「S-H Mixture」發明人黃振文教授及夫人邱秋月（2003 年，台中霧峰）。

圖 12　黃鴻章的著書。

a. 《Advances in Plant Disease Management》。作者：Hung-Chang Huang and Surya N. Acharya（2003年）。
b. 《植物病害之診斷與防治策略》。作者：黃鴻章、黃振文（2005年，農委會防檢局出版）。
c. 《永續農業之植物病害管理》。作者：黃鴻章、黃振文、謝廷芳（2013年，農世公司，第三版）。
d. 《永續農業之植物病害管理》。作者：黃鴻章、黃振文、謝廷芳（2017年，五南圖書出版股份有限公司）。
e. 《植物病害之診斷與防治策略》(b) 作者：黃鴻章（左）、黃振文（右）（1997年，攝於台中摩天嶺）。
f. 《永續農業之植物病害管理》（c, d）作者：黃鴻章（左）、黃振文（中）、謝廷芳（右）。（2008年，攝於農試所花卉中心，雲林古坑）。

圖 13 黃鴻章夫婦與黃政勝夫婦在台灣重逢（2001 年）。

a. 黃振文（左 1）、黃鴻章（左 2）和黃政勝（中）在中興大學參加學術研討會。（2001 年 11 月，台灣台中）。

b. 黃政勝太太林碧玉（左 2）和黃鴻章太太林素道（右 1）參觀台灣農業試驗所。（2001 年，台中霧峰）。

c. 黃鴻章夫婦參觀「台灣菇類文化館」（2001 年，台中霧峰）。

圖 14　黃鴻章和黃振文（2001 年）。

a.　黃鴻章（左）在黃振文（右）辦公室（植病系主任）。（2001 年，中興大學，台中）。
b.　黃振文（左 1）、黃鴻章（左 2）在惠蓀林場（2001 年，台灣南投）。
c.　黃振文（左 1）和黃鴻章夫婦（右）在惠蓀林場（2001 年，台灣南投）。

圖 15　鍾文全、陳美杏夫婦。

a.　鍾文全與夫人陳美杏於南投溪頭。（2003 年）。
b.　陳美杏（右）和指導教授 Dr. Eric Nelson（左）在康乃爾大學合影。（照片：陳美杏提供）。

圖 16　黃鴻章和林素道在台灣（1963-1967 年）-I。

a.　林素道在中興大學擔任陳大武教授的研究助理，與黃鴻章相逢、相識。（1963 年，台中）。
b.　黃鴻章（左）和林素道（右）於中興大學植病系溫室（1963 年，台中）。
c.　黃鴻章、林素道於台中谷關（1965 年）。
d.　黃鴻章、林素道於彰化八卦山（1966 年）。

圖 17　黃鴻章和林素道在台灣（1963-1967 年）-II。

a.　黃鴻章、林素道（左3）、溫光勇（左4）、丁東海（右2）、周菊芳（右1）和朋友到大坑郊遊。
　　（1965 年，台中）。
b.　黃鴻章（左）和林素道（右）於大坑吊橋。（1965 年，台中）。
c.　黃鴻章（左）和林素道（右）於台中公園。（1965 年）。

圖 18　黃鴻章和林素道在台灣（1963-1967 年）-III。

a.　黃鴻章（右）和林素道（左）在台中市和平國小（她教書的學校）（1967 年）。
b.　林素道台中師專畢業（1967 年）。

圖 19　黃鴻章和林素道結婚（1967 年，台中）。

a.　黃鴻章、林素道於 1967 年在台灣台中結婚（新郎穿陳大武教授的西裝）。

b-c. 黃鴻章、林素道於 1968 年在加拿大多倫多宴請朋友（新娘穿孔憲鐸太太的婚紗禮服）。

圖 20 黃鴻章在加拿大多倫多大學第一學年（1967-1968 年）。

a. 於校園 King's College 廣場（1967 年 9 月 25 日）。
b. 於植物系門口（1967 年初冬）。
c. 於校園（1968 年初春）。
d. 於植物系溫室（1968 年）。

圖 21　黃鴻章在多倫多機場迎接太太林素道（a-c）來加拿大團聚（1968 年 12 月 10 日）。

圖 22　黃鴻章夫婦在多倫多的第一個春天（1969 年 5 月）。

a.　於多倫多大學校園。
b.　於多倫多大學植物系溫室。
c.　於多倫多大學植物系館外的花圃。

圖 23　黃鴻章夫婦在多倫多的居所（1967-1972 年）。

a-b. 租 Henry 街一間房（背後紅色屋樓上），廚房與人共用。（1967-1970 年）。
c-d. 租 Ontario 街一低收入戶公寓。（1970-1972 年）。

圖 24　黃鴻章夫婦和友人遊尼亞加拉瀑布（Niagara Falls）（1969 年 5 月和 1970 年 8 月）。

a-b. 黃鴻章夫婦於瀑布公園。（1969 年）。
c.　沈秀紅（左）與黃鴻章夫婦（右）於瀑布下的遊輪上。（1970 年）。
d.　徐茂麟（右）與黃鴻章夫婦（左）於瀑布公園。（1970 年）。

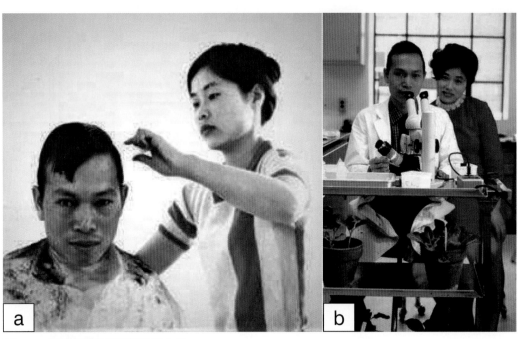

圖 25　林素道是黃鴻章的賢內助。

a.　幫先生理髮（1970 年，多倫多）。

b.　周末的實驗室也是我們兩人的好去處。她曾擔任中興大學陳大武教授的研究助理，有實驗室經驗。（1969 年，多倫多大學植物系）。

As Mr. Huang is in urgent need of funds please process as rapidly as possible. Thank you. Z.A. Patrick

UNIVERSITY OF TORONTO

Award To Graduate Student Research Assistant

This is to advise you that an award of $ 250.00 has been made to
(Total)

Mr. Henry HUANG   and I hereby certify that all the following
(Name of Student in Block Letters)

conditions will apply:

(a) The project will assist the recipient in qualifying for a degree or to
     gain scholastic recognition in the field in which the research is
     being carried on,
(b) The assistant's work is not primarily undertaken for financial gain,
(c) The direction given by the faculty member is of a general or consultative
     nature,
(d) The assistant is not required to render any services to the University
     in connection with the award, and
(e) The assistant is a registered graduate student.

Rate(s): $250.00 (for the month of September, 1967)

Period(s):   September 1 - September 30, 1967

Name and Number of Grant: Dept. of University Affairs Grant (D.U.A. Patrick)

Accounting Code Number: 311 107 60

                                    Authorized by: Z.A. Patrick

                                    _____
                                         Principal Investigator

                                    Department:

Date: September 19, 1967   _____
                                              Botany

圖 26　黃鴻章在多倫多大學第一張薪水請領單，指導教授（Dr. Z. A. Patrick）在上面附加
　　　一句話。（1967 年 9 月 19 日）。

169

圖 27　黃鴻章在多倫多大學（1967-1972 年）。

a.　黃鴻章（左）和指導教授 Dr. Z. A. Patrick（右），於田間病害調查（1970 年夏，Delhi, Ont.）。

b.　黃鴻章在 Ontario 省 Vineland 園藝試驗所果園調查果樹病害（1968 年夏，Vineland, Ont.）。

c.　葡萄灰黴病（Gray mold）果實病徵。用灰黴病的葡萄釀造的酒稱為「Botrytized wine」。

d.　葡萄灰黴病菌（*Botrytis cinerea*）孢子。

圖 28　林鎮山教授女兒 Emily 在葡萄莊園舉行的夢幻婚禮（2007 年 6 月，Vineland，Ontario）。

a.　豎琴演奏。
b.　新娘慢步走向婚禮台。
c.　林素道（前排左 1）、林鎮山夫婦（前排左 2、左 3）在豔陽下觀禮。
d.　新郎和牧師在婚禮台迎接新娘。
e.　戴子仙夫婦（左）和黃鴻章夫婦（右）參加婚禮。
f.　林鎮山夫婦（後排右）和黃鴻章夫婦（左）及家人參加婚禮晚宴。該宴會專門提供本地出產的葡萄酒。

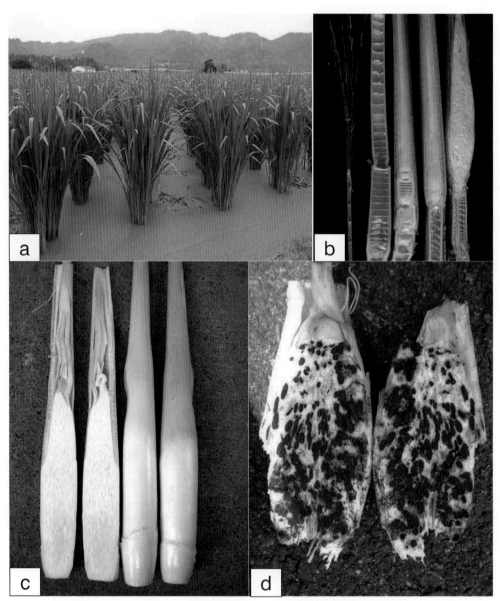

圖 29 茭白筍的由來。（圖片：台灣農業試驗所研究員黃晉興博士提供）。

a. 茭白（*Zizania latifolia*）生長在淺水地方。

b. 茭白筍形成是因為黑穗病真菌（*Ustilago maydis*）侵害植株，使莖基部漸漸澎大而形成筍狀（b，左 2-4）。健康植株（b，左 1）莖節中空不會膨大。

c. 茭白筍白色無黑點時採收，可作為很好的食材。

d. 茭白筍裡面有很多黑點是因為病原菌產生厚膜孢子（Chlamydospores）的緣故，這種茭白筍不宜作為食材。

圖 30　黃鴻章夫婦和周昌弘夫婦在加拿大多倫多（1971-1972 年）。

a.　楊良惠（周昌弘太太）（左）和林素道（黃鴻章太太）（右）於多倫多 High Park 公園。（1971
　　年秋天）。

b-c.周昌弘夫婦和黃鴻章夫婦去安大略湖（Lake Ontario）釣魚（b），就地做活魚兩吃（c）。（1971
　　年 10 月，Lake Ontario）。

圖 31　黃鴻章夫婦與周昌弘夫婦。

a.　黃鴻章夫婦（左）與周昌弘夫婦（右）於 Ottawa 大學校區。（1972 年 7 月 1 日）。
b.　黃鴻章夫婦於魁北克市區（Quebec City）。（1972 年 7 月 3 日）。
c-d. 黃鴻章夫婦於於魁北克省的聖安妮（St. Anne de Beaupre）。（1972 年 7 月 4 日）。

圖 32　黃鴻章夫婦與周昌弘夫婦。

a.　黃鴻章夫婦（左）、周昌弘夫婦（右）乘馬車同遊加拿大魁北克市區（Quebec City）。（1972 年 7 月 3 日）。

b.　黃鴻章夫婦（左）、周昌弘夫婦（右）在台灣屏東科技大學。（2004 年 12 月 3 日，攝於校長室）。

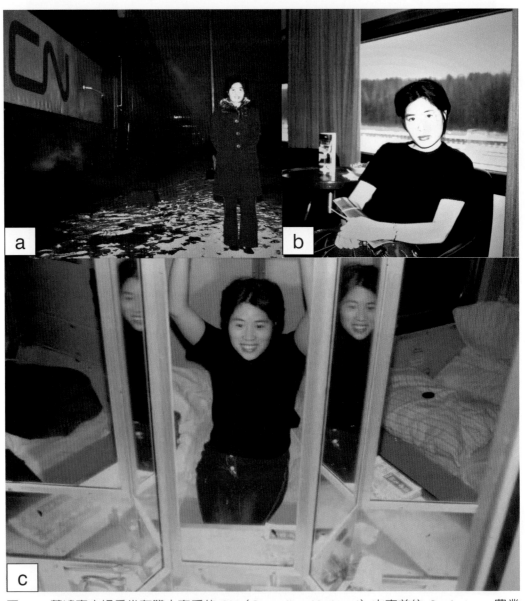

圖 33　黃鴻章夫婦乘坐有雙人套房的 CN（Canadian National）火車前往 Saskatoon 農業
　　　試驗所就任新職（Postdoctoral Fellow）-I。（1972 年 10 月 31 日）。

a.　CN 列車深夜準備離開多倫多。地上已鋪著薄雪。（1972 年 10 月 31 日）。
b-c. 林素道在列車套房的小客廳（b）和臥室（c）。

圖 34 黃鴻章夫婦乘坐 CN（Canadian National）火車前往 Saskatoon 農業試驗所就任新職 -II。（1972 年 11 月 1 日）。

a-b. 黃鴻章夫婦在列車套房客廳（a），欣賞加拿大西部大草原（Grand Prairies）初冬雪地的美景（b）。

圖 35 黃鴻章在 Saskatoon 農業試驗所（1972-1974 年，Saskatoon，Saskatchewan）。

a-b. 植物病理組組長 Dr. Bob Tinline 在田間調查小麥根腐病。（照片：Dr. Tinline 提供）。

c. 植物病理組研究員舉辦「黃鴻章夫婦惜別晚宴」。Dr. Bob Tinline（後排左 2），黃鴻章（後排右 2），林素道（後排右 1）。（1974 年 11 月，Saskatoon）。

d. 黃鴻章夫婦於惜別晚宴。（1974 年 11 月，Saskatoon）。

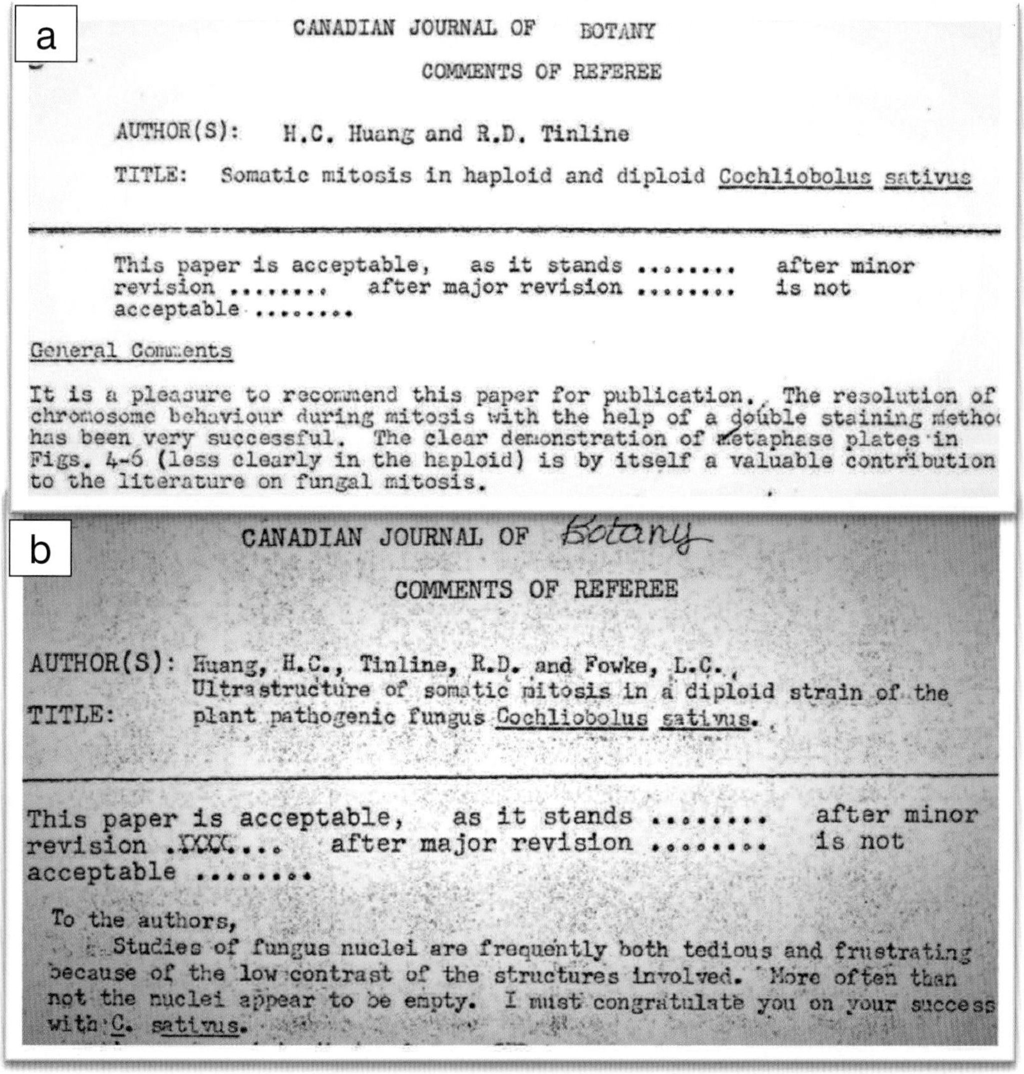

a

CANADIAN JOURNAL OF BOTANY

COMMENTS OF REFEREE

AUTHOR(S): H.C. Huang and R.D. Tinline

TITLE: Somatic mitosis in haploid and diploid Cochliobolus sativus

This paper is acceptable, as it stands .... after minor revision .... after major revision .... is not acceptable ....

General Comments

It is a pleasure to recommend this paper for publication. The resolution of chromosome behaviour during mitosis with the help of a double staining metho[d] has been very successful. The clear demonstration of metaphase plates in Figs. 4-6 (less clearly in the haploid) is by itself a valuable contribution to the literature on fungal mitosis.

b

CANADIAN JOURNAL OF Botany

COMMENTS OF REFEREE

AUTHOR(S): Huang, H.C., Tinline, R.D. and Fowke, L.C.,

TITLE: Ultrastructure of somatic mitosis in a diploid strain of the plant pathogenic fungus Cochliobolus sativus.

This paper is acceptable, as it stands .... after minor revision .XXXX.... after major revision .... is not acceptable ....

To the authors,

Studies of fungus nuclei are frequently both tedious and frustrating because of the low contrast of the structures involved. More often than not the nuclei appear to be empty. I must congratulate you on your success with C. sativus.

圖 36 黃鴻章在 Saskatoon 農業試驗所（1972-1974 年）：兩篇論文評審報告（部分）。

a. 用光學顯微鏡研究真菌細胞核有絲分裂（Somatic Mitosis）。（參考文獻：7）。

b. 用電子顯微鏡研究真菌細胞核有絲分裂（Somatic Mitosis）。（參考文獻：8）。

圖 37 黃鴻章夫婦和朋友在 Saskatoon（1972-1974 年）。

a. 黃鴻章夫婦在 South Saskatchewan River 泛舟。（1973 年，Saskatoon）。
b. 黃鴻章夫婦與友人在 South Saskatchewan River 釣魚。（1973 年，Saskatoon）。
c-d. 林素道（黃鴻章太太）在 Blackstrap Lake 釣到數條「Walleye」魚（d），是一種肉質極鮮美的淡
水魚。（1973 年，Saskatoon）。

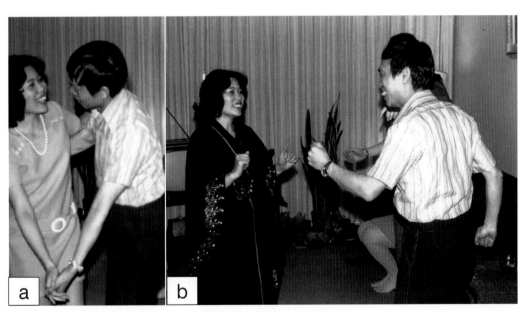

圖 38　黃鴻章夫婦在朋友家參加舞會。（1973 年，Saskatoon）。

圖 39　黃鴻章在加拿大農業部 Morden 農業試驗所（Morden，Manitoba，1974-1981年）。

a.　試驗所舊建築。左棟是行政樓（所長和辦公人員），右棟是作物組（樓上是 12 位研究員的辦公室，樓下是實驗室）。黃鴻章在右棟。（照片：Andy Russell 攝於 1982 年）。

b.　試驗所新建築全貌。1989 年 10 月 23 日正式啓用。（照片來源：新建築開幕邀請卡）。

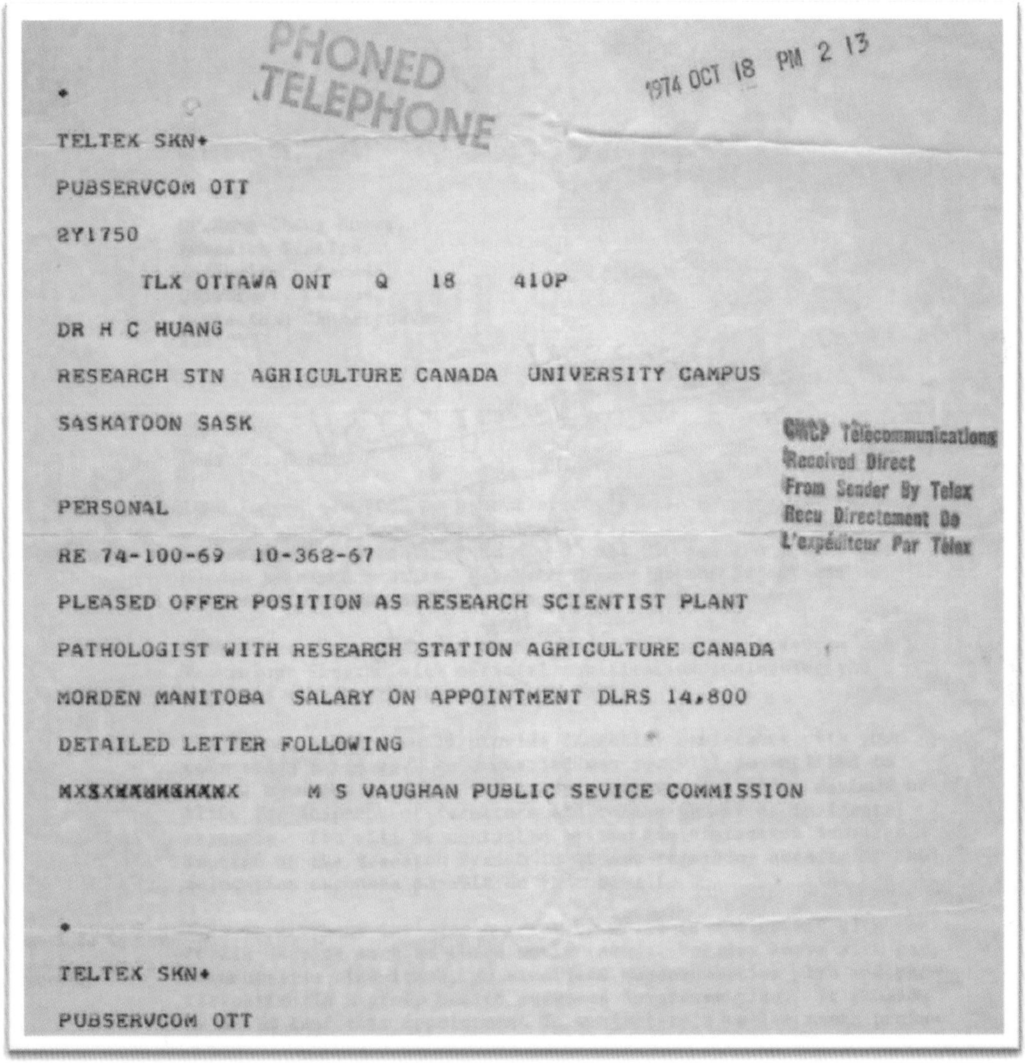

PHONED
TELEPHONE

1974 OCT 18 PM 2 13

TELTEX SKN+

PUBSERVCOM OTT

2Y1750

TLX OTTAWA ONT Q 18 410P

DR H C HUANG

RESEARCH STN AGRICULTURE CANADA UNIVERSITY CAMPUS

SASKATOON SASK

CNCP Telecommunications
Received Direct
From Sender By Telex
Recu Directement De
L'expéditeur Par Télex

PERSONAL

RE 74-100-69 10-362-67

PLEASED OFFER POSITION AS RESEARCH SCIENTIST PLANT

PATHOLOGIST WITH RESEARCH STATION AGRICULTURE CANADA

MORDEN MANITOBA SALARY ON APPOINTMENT DLRS 14,800

DETAILED LETTER FOLLOWING

MXSXMXMMXMXMX M S VAUGHAN PUBLIC SEVICE COMMISSION

+

TELTEX SKN+

PUBSERVCOM OTT

圖 40 黃鴻章接到前往Morden農業試驗所服務的電報（Telex）。（1974年10月18日）。

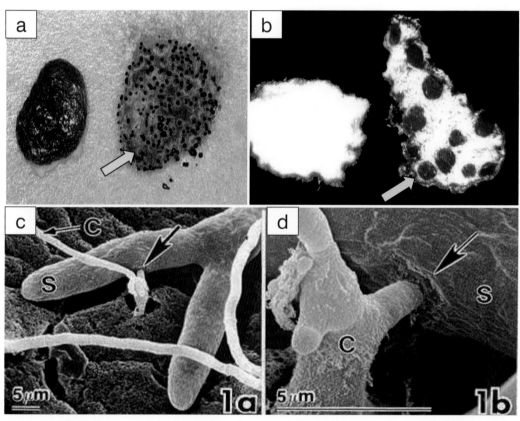

圖41 黃鴻章在 Morden 農業試驗所研究向日葵菌核病，首次報導重寄生真菌 *Coniothyrium minitans* 會寄生和殺死病原菌 *Sclerotinia sclerotiorum*。（參考文獻：11）。

a-b. 健康菌核表面黑色（a，左），內部白色（b，左）；而 *Coniothyrium minitans* 寄生的菌核腐爛表面布滿黑點（a，右），內部也有很多黑色斑點（b，右）。

c-d. 重寄生真菌 *Coniothyrium minitans* 菌絲也會直接侵入（箭頭處）菌核病菌（*Sclerotinia sclerotiorum*）的菌絲。

圖 42　黃鴻章在 Morden 農業試驗所研究向日葵菌核病生物防治。

a.　黃鴻章（右3）和所長 Dr. Eric Putt（右1）帶領四位澳洲學者參觀向日葵菌核病生物防治田間試驗。
　　（1976 年，Morden）。

b.　田間試驗結果：土壤處理生防菌（*Coniothyrium minitans*）小區，向日葵生長健康（右），而無處
　　理的對照小區（CK），菌核萎凋病嚴重，植株都枯死（左）（1976 年，Morden）。（參考文獻：
　　13）。

185

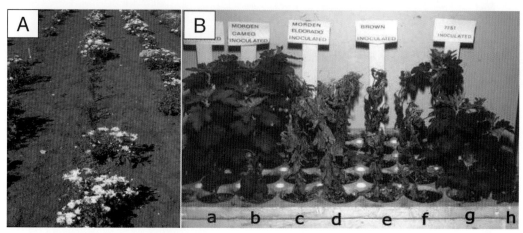

圖 43　黃鴻章在 Morden 農業試驗所研究菊花枯萎病（Fusarium wilt of chrysanthymum）
　　　　抗病篩選。（參考文獻：33）。

A.　農業試驗所園藝組的苗圃中菊花枯萎病嚴重。（1977 年，Morden，Manitoba）。
B.　菊花枯萎病抗病篩選技術（溫室試驗）。
a-b. 抗病品種 Morden Cameo。
c-d. 罹病品種 Morden Eldorado。
e-f. 罹病品種 Brown。
g-h. 抗病品系 Line 7751（尚未命名）。

圖 44　黃鴻章在 Morden 農業試驗所（1974-1981 年）。

a.　黃鴻章（右）和作物組組長 Dr. Gordon Dorrell（左）在美國參加第八屆國際向日葵會議。（1977
年，Minneapolis，Minnesota，USA）。

b.　黃鴻章夫婦和兒子（Timothy，六歲）離開 Morden 前攝影留念。（1981 年，Morden，
Manitoba）。

圖 45　黃鴻章在加拿大農業部 Lethbridge 農業試驗所（Lethbridge，Alberta，1981-2006
　　　　年）。

a.　黃鴻章於 Lethbridge 農業試驗所大樓入口（1986 年）。
b.　Lethbridge 農業試驗所的春景。
c.　Lethbridge 農業試驗所的冬景。

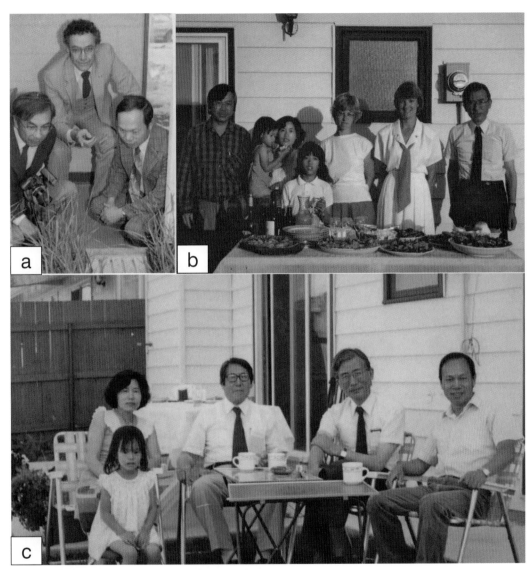

圖 46　植病學者來 Lethbridge 農業試驗所訪問。

a.　Dr. Hajimu Komada（左）參觀農試所的溫室實驗。本所連絡官（中）和黃鴻章（右）在旁解說。
　　（1985 年，Lethbridge）。

b.　四位菌核病研究員：Dr. Izumi Saito（右 1，日本）、Debbie McLaren（右 2，加拿大）、Karen
　　Nordin（中，瑞典）、Dr. James Wong（左，澳洲）和黃鴻章家人在後院聚餐。（1986 年 8 月 5 日，
　　Lethbridge）。

c.　孫守恭教授（中）、Dr. Izumi Saito（右 2）、黃鴻章（右 1）去田間考察作物病害回來，與家人在
　　後院休息。（1986 年 8 月 8 日，Lethbridge）。

圖 47　黃鴻章夫婦參加一對加拿大夫婦（Andy 和 Lynn Russell）的結婚 40 週年慶典。
（1986 年 5 月，Indian Head，Saskatchewan）。

a.　Andy 和 Lynn Russell 兩人一起切蛋糕。
b.　Susheila（Andy 的次孫女）和 Timothy（黃鴻章的兒子）小提琴演奏助興。
c.　黃鴻章全家參加 Andy 和 Lynn Russell 的盛會。
d.　Margaret（Andy 的大女兒）（右）、林素道（中）和 Sarah（左）在盛會現場。

圖 48　黃鴻章與家人在 Andy 和 Lynn Russell 家過聖誕節（1989 年，Indian Head，Saskatchewan）。

a.　Lynn Russell（左）教林素道（中）、Sarah（右）做聖誕餅乾。
b.　開聖誕禮物。Sarah 的禮物，一頂草帽。
c.　媽媽（右）試戴女兒（Sarah）的聖誕禮物（草帽）。

圖 49　Timothy Huang（黃鴻章的兒子）的文章放在慶祝 Lethbridge 建市百週年（1985 年）
　　　的「時間膠囊（Time Capsule）」，將於加拿大建國二百週年（2067 年）打開。
　　　（1985 年，University of Lethbridge. AB）。

a.　慶祝 Lethbridge 建市百週年（1885-1985 年）的標誌（Logo）。
b.　Lethbridge 大學舉辦全市小學作文比賽，第一名 Analea Wayne（左）和第二名 Timothy Huang（右）
　　接受頒獎時合影。（1985 年 9 月 20 日，Agnes Davidson 小學，Lethbridge）。
c.　Timothy（左）和媽媽林素道、妹妹 Sarah 參加「時間膠囊（Time Capsule）」（陶甕）掩埋典禮。
　　他的文章也在陶甕中。（1985 年 9 月 26 日，University of Lethbridge）。

圖 50　黃鴻章夫婦的兒子 Timothy 和女兒 Sarah：童年。

a-b. Timothy 和他的玩伴，天竺鼠（Guinea Pig）。（1983 年，Lethbridge）。
c.　媽媽帶著 Timothy 和 Sarah 去公園溜狗「Whiskey」（右）。（1986 年，Whiskey 出生六星期）。
d.　Timothy、Sarah 和 Whiskey 在後院玩耍。（1987 年，Whiskey 一歲）。

圖 51　黃鴻章夫婦的兒子 Timothy 和女兒 Sarah：童年、青少年。

a-b. 媽媽林素道帶女兒 Sarah 去練習游泳。（1987 年，Lethbridge）。

c.　搬入新家：Lethbridge（1984 年）。

d.　黃鴻章夫婦全家合影：兒子（Timothy，16 歲）（後）、女兒（Sarah，9 歲）（左）。（1991 年，Lethbridge，Alberta）。

圖 52　黃鴻章夫婦參加兒子 Timothy（a）和女兒 Sarah（b）高中畢業典禮（Lethbridge，
　　　　Alberta）。

a.　Timothy（右 2）高中畢業典禮與家人合影。（1993 年，Lethbridge，Alberta）。
b.　Sarah（前排左）在高中畢業典禮會場與校長（後排左 2）、Andy Russell（後排右 2）、家人合影。
　　（2000 年 6 月 30 日，Lethbridge，Alberta）。

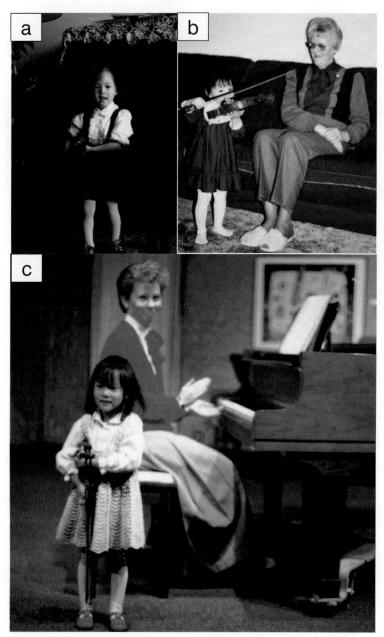

圖 53　黃鴻章夫婦的女兒 Sarah 學小提琴（1985 年，Lethbridge，Alberta）。

a.　Sarah 兩歲半開始學小提琴（1985 年，Lethbridge）。
b.　Lynn Russell 聆聽 Sarah 的小提琴演奏（1985 年，Lethbridge）。
c.　Sarah 參加音樂演奏會，小提琴老師 Susan Jarvis 鋼琴伴奏。（1986 年，Lethbridge 圖書館）。

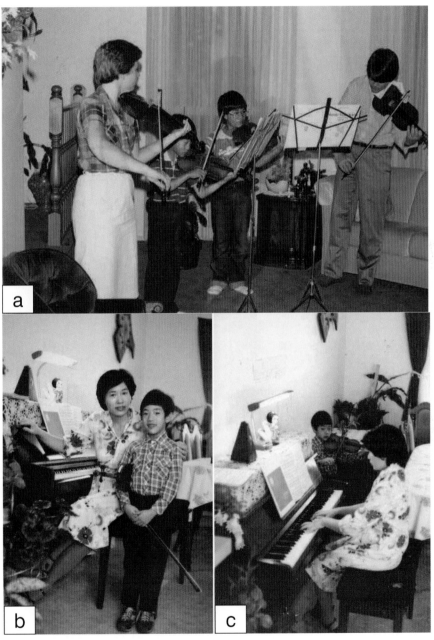

圖 54　黃鴻章夫婦的兒子 Timothy 練習小提琴。

a.　Lethbridge 大學小提琴老師 Peter Jarvis（右 1）和 Susan Jarvis（左 1）在我們家教 Timothy Huang（左 2）和 Aaron Au（右 2）小提琴。（1985 年 9 月 2 日，Lethbridge）。

b-c. 兒子（Timothy）在家練習小提琴，媽媽林素道替他鋼琴伴奏。（1983 年，Lethbridge）。

圖 55　黃鴻章在 Lethbridge 農業試驗所的研究課題（1981-2006 年）：苜蓿黃萎病
　　　（Verticillium wilt of alfalfa）。

a-b. 加拿大苜蓿收穫，成綑乾草羅列田間（a）和堆積在路邊（b）的壯觀景象。（1995 年，Bow
　　　Island，Alberta）。
c.　苜蓿黃萎病使植株矮化、萎黃、枯死。
d.　苜蓿黃萎病菌（*Verticillium albo-atrum*）：輪枝狀孢柄產生圓形孢子。（掃描電子顯微鏡照片）。

圖 56　Lethbridge 農業試驗所的苜蓿黃萎病抗病育種計畫。

a.　在溫室進行苜蓿雜交育種，是一種細心而繁瑣的工作。（照片來源：Lethbridge 農業試驗所）。
b.　Lethbridge 農業試驗所研發苜蓿黃萎病快速抗病篩選技術。中間是抗病品種。（參考文獻：28）。
c.　苜蓿黃萎病田間抗病篩選試驗（1986-1993 年）。黃色小區為罹病品種，苜蓿枯死，空缺被蒲公英雜草占據，因此春天開滿黃色的花朵。（1991 年，Lethbridge）。（參考文獻：54）。

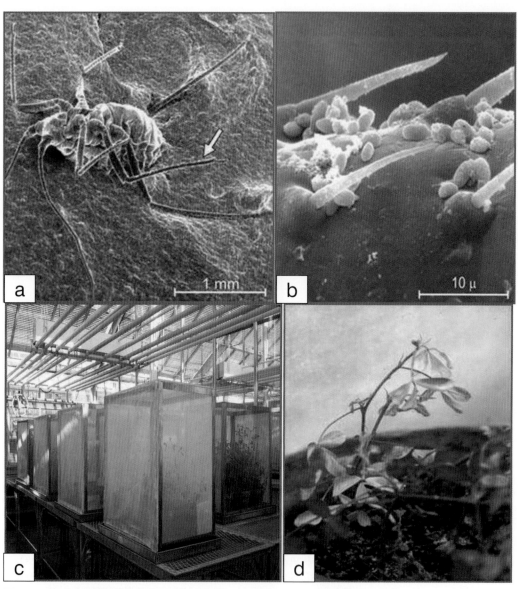

圖57 黃鴻章研究昆蟲傳播苜蓿黃萎病：I. 蚜蟲。（參考文獻：17）。

a-b. 一隻從苜蓿黃萎病田採集的蚜蟲（a），腿毛中夾著很多病原菌的孢子（b）。（掃描電子顯微鏡照片）。

c-d. 由病田採集的蚜蟲飼養在溫室（c），結果使苜蓿植株出現黃萎病病徵（d）。

圖 58　黃鴻章研究昆蟲傳播苜蓿黃萎病：II. 蝗蟲。（參考文獻：19）。

a.　Alberta 省南部一塊苜蓿田，因蝗蟲吃食葉片，只剩莖稈。（照片：黃鴻章拍攝）。

b-d. 用苜蓿黃萎病葉飼養蝗蟲（b），然後將蝗蟲排泄的糞便（c）和苜蓿種子一起埋在土中，長出的苜蓿幼苗出現黃萎病病徵（d）。

圖 59　黃鴻章研究昆蟲傳播苜蓿黃萎病：III. 切葉蜂採集病葉做繭。（參考文獻：18）。

a.　切葉蜂箱放於苜蓿黃萎病田。（Lethbridge）。
b.　切葉蜂採剪葉片在蜂箱裡做繭。
c.　一隻切葉蜂在田裡切苜蓿葉片。
d.　苜蓿黃萎病葉受切葉蜂切刈痕跡。
e.　田間採集的蜂繭，每一繭中有一卵。

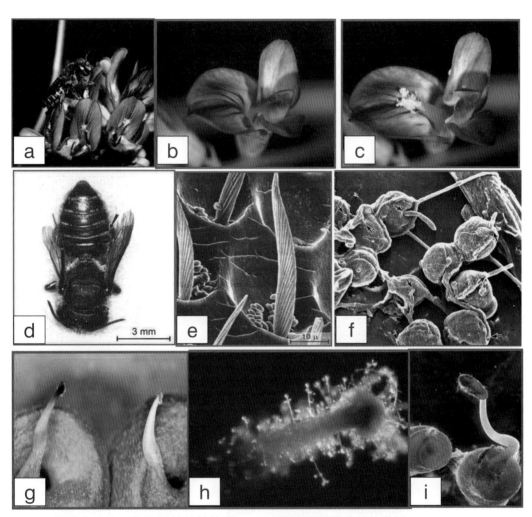

圖 60　黃鴻章研究昆蟲傳播苜蓿黃萎病：IV. 切葉蜂傳播帶病菌的花粉。

a-c. 苜蓿切葉蜂的授粉過程。（照片來源：Lethbridge 農業試驗所）。

d-f. 從病田採回一隻雌切葉蜂（d），背部體毛基部凹陷處堆積黃萎病菌孢子（e）和有些身體上的苜蓿花粉受到病菌侵染（f）。（參考文獻：23）。

g-i. 苜蓿黃萎病菌使柱頭變黑（g，左），然後由花柱（h）傳染到種子（i）。（參考文獻：20）。

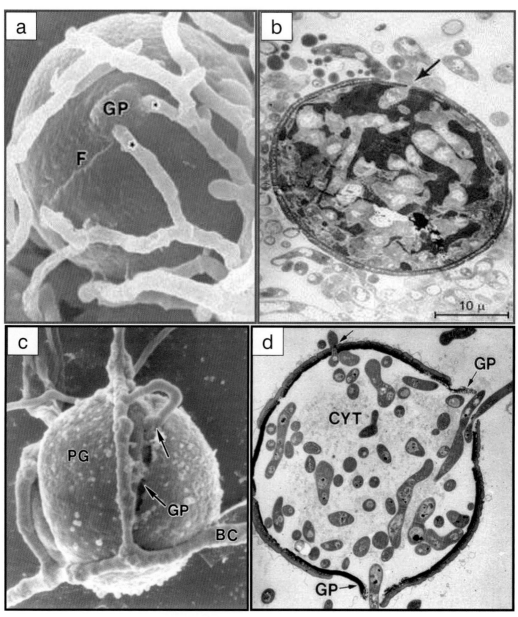

圖61 黃鴻章研究發現病原真菌侵害花粉的例證。（圖左：掃描電子顯微鏡照片；圖右：穿透式電子顯微鏡照片）。

a-b. 苜蓿黃萎病菌（*Verticillium albo-atrum*）感染苜蓿花粉。（參考文獻：22）。
c-d. 苜蓿灰黴病菌（*Botrytis cinerea*）感染苜蓿花粉。（參考文獻：39）。

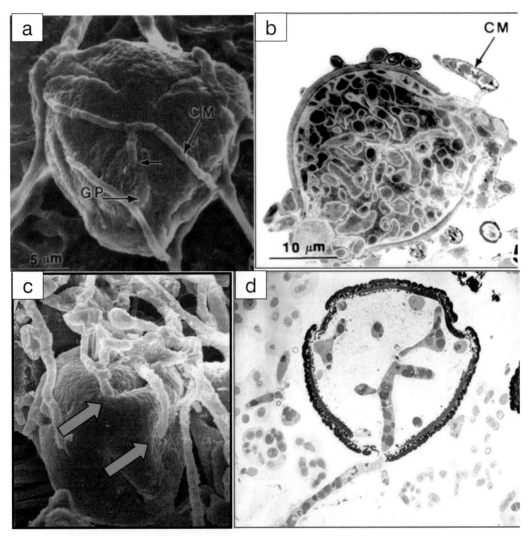

圖 62　黃鴻章研究發現非病原真菌侵害花粉的例證。（圖左：掃描電子顯微鏡照片；圖右：穿透式電子顯微鏡照片）。（參考文獻：43）。

a-b. 重寄生真菌 *Coniothyrium minitans* 感染苜蓿花粉。
c-d. 重寄生真菌 *Gliocladium catenulatum* 感染苜蓿花粉。

圖 63　苜蓿果莢灰黴病（Gray mold）生物防治田間試驗（2000，Lethbridge）。（參考文獻：48）。

a.　苜蓿試驗田的小屋。
b.　每間小屋掛一切葉蜂箱。利用切葉蜂傳播花粉生產種子，同時傳播拮抗真菌 *Clonostachys rosea* 防治苜蓿果莢和種子灰黴病（Gray mold）。

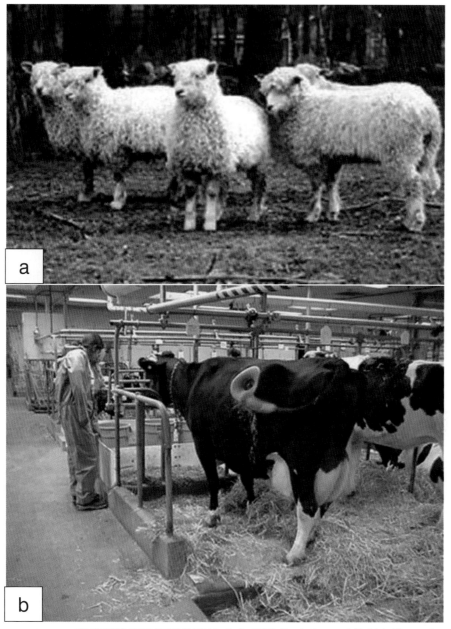

圖 64　Lethbridge 農業試驗所動物組的綿羊（a）和乳牛（b）。（參考文獻：24）。（照
　　　片來源：Lethbridge 農業試驗所動物組）。

a.　用綿羊測試苜蓿黃萎病菌在消化道中存活情形。
b.　用乳牛糞便堆肥檢查苜蓿黃萎病菌在堆肥中存活情形。

圖 65　菜豆菌核病（White mold of beans）田間抗病篩選試驗結果：抗病品種「AC
　　　Skipper」（右）和罹病品種（左）。（1999 年，Lethbridge，Alberta）。

抗病品種 Saffire

罹病品種

圖 66　紅花菌核爛頭病（Sclerotinia head rot of safflower）田間抗病篩選試驗結果：抗病
　　　品種「Saffire」（左）和罹病品種（右）。（1983 年，Lethbridge）。

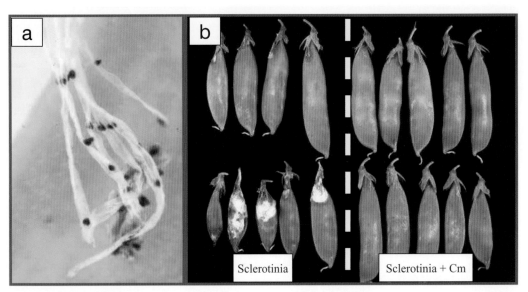

圖67 用重寄生菌（*Coniothyrium minitans*）防治豌豆菌核病（Sclerotinia pod rot of pea）（溫室試驗）。

a. 豌豆開花期噴灑重寄生菌（*Coniothyrium minitans*）孢子，可利用萎凋雄蕊的養分生長並產生黑色柄子殼（Pycnidia）。

b. 菌核病菌子囊孢子感染雄蕊造成果莢腐爛（b，左），而噴灑重寄生菌（Cm）植株的果莢則都很健康，而且比較飽滿（b，右）。

圖 68　用向日葵菌核爛頭病（Sclerotinia head rot of sunflower）的菌核和向日葵種
　　　　子排成的圖案，證明加拿大向日葵菌核爛頭病是由大粒菌核病菌（*Sclerotinia
　　　　sclerotiorum*）引起的。圖中第一個字母「S」實際長度約 12 公分。〔剪紙圖案
　　　　（Decoupage）：黃鴻章創作；漫畫：研究助理 Rudy Klassen 繪〕。（1980 年，
　　　　Morden）。

圖 69　黃鴻章研究菌核病（*Sclerotinia sclerotiorum*）菌核（sclerotia）發芽習性與向日葵
　　　萎凋病的關係。（參考文獻：14）。

a-b. 菌核在土中發芽產生菌絲。（圖 b 為掃描電子顯微鏡照片）。
c-d. 菌絲在土中侵害向日葵根部造成幼苗猝倒病，使幼苗枯死（c）或造成萎凋病，於莖基部出現褐
　　　色病斑，植株萎凋枯死（d）。

圖70 黃鴻章研究菌核病（*Sclerotinia sclerotiorum*）菌核（sclerotia）發芽習性與向日葵
　　　爛頭病的關係。

a. 一粒菌核發芽產生喇叭狀子囊盤（Ascocarp）。
b. 子囊盤中產生很多棒狀子囊（Ascus）。每個子囊中有八個橢圓形子囊孢子（Ascospore）。（掃
　　描電子顯微鏡照片）。
c. 子囊孢子經由空氣傳播引起向日葵爛頭病和莖腐病。

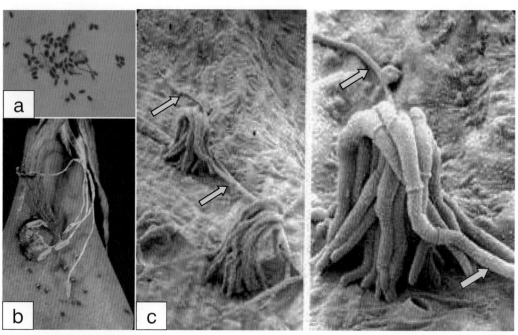

圖 71　黃鴻章研究菌核病（*Sclerotinia sclerotiorum*）菌核（sclerotia）發芽習性與豌豆莢腐爛病的關係。（參考文獻：30）。

a.　菌核以子囊盤發芽（Carpogenic germination）產生的子囊孢子（子囊孢子材料用 Giemsa 染色）。

b.　子囊孢子飛散到豌豆雄蕊上發芽並以菌絲侵入豌豆莢組織，形成褐色小斑點。

c.　每一褐色小斑點是一束菌絲集結而成的「感染墊」（Infection Cushion），用以侵入果莢。然後再以單條「遊走菌絲」（前頭處）去尋找新的入侵部位。（圖 c 為掃描電子顯微鏡照片）。

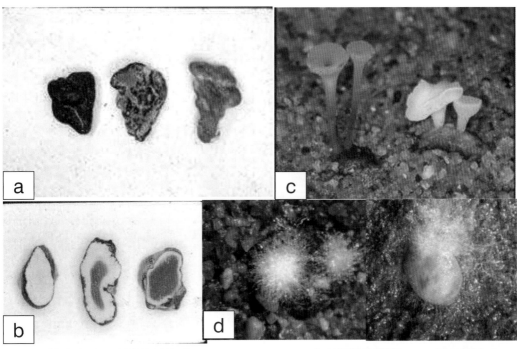

圖72　黃鴻章發現大粒核盤菌（*Sclerotinia sclerotiorum*）的兩種新菌核：(1) 褐色菌核（Tan sclerotia）（參考文獻：15）和 (2) 異常菌核（Abnormal sclerotia）（參考文獻：16）。

a.　三種不同菌核外部顏色：正常黑色菌核（左），異常菌核表面有皺紋（中），褐色菌核（右）。
b.　不同菌核內部顏色：正常黑色菌核內部白色（左），異常菌核內部變為褐色（中，右）。
c.　正常黑色菌核發芽產生褐色子囊盤（左），褐色菌核發芽產生白色子囊盤（右）。
d.　正常黑色菌核（左）和褐色菌核（右）以菌絲發芽（Myceliogenic germination）則都產生白色菌絲。

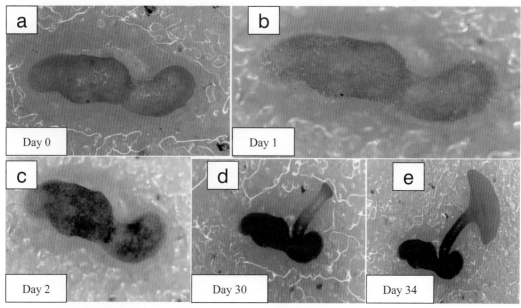

圖 73　黃鴻章研究控制菌核發芽的因素。（參考文獻：34）。

a.　一粒未成熟的褐色菌核放在潮溼細沙上（第 0 天）。
b.　菌核開始以菌絲式發芽（Myceliogenic germination）產生白色菌絲（第 1 天）。
c.　菌核表面開始產生黑色素，使菌核變黑色（第 2 天）。
d.　黑色菌核開始以子囊盤發芽（Carpogenic germination）產生子囊柄（第 30 天）。
e.　子囊柄尖端擴大形成喇叭狀子囊盤（第 34 天）。

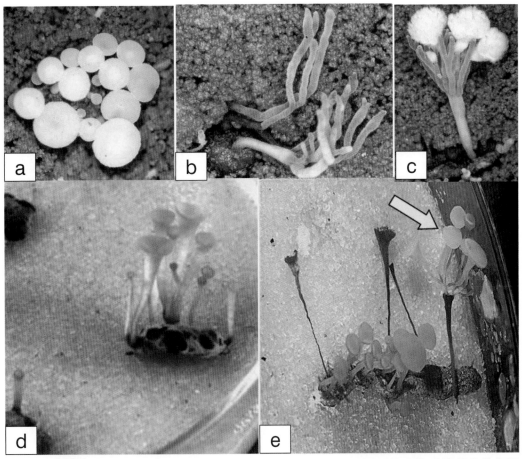

圖 74 黃鴻章研究大粒菌核病菌（*Sclerotinia sclerotiorum*）發現菌核產生子囊盤的幾個怪異現象。

a. 一粒菌核在無殺草劑的土壤中發芽，產生正常的子囊柄和子囊盤。

b-c. 菌核在含殺草劑「草脫淨（Atrazine）」（7.5 ppm 或 1500 g/ha）的土壤中會發芽產生子囊柄，頂端再分枝產生新子囊柄（b），有些變成棉絮狀無法產生子囊胞子（c）。（參考文獻：36）。

d-e. 異常菌核（Abnormal sclerotia）在潮溼沙上發芽產生正常子囊盤（d），但有少數菌核發芽會產生正常子囊盤，而在衰老的子囊盤上再產生多個正常子囊盤（e，箭頭）。（黃鴻章未發表的照片）。

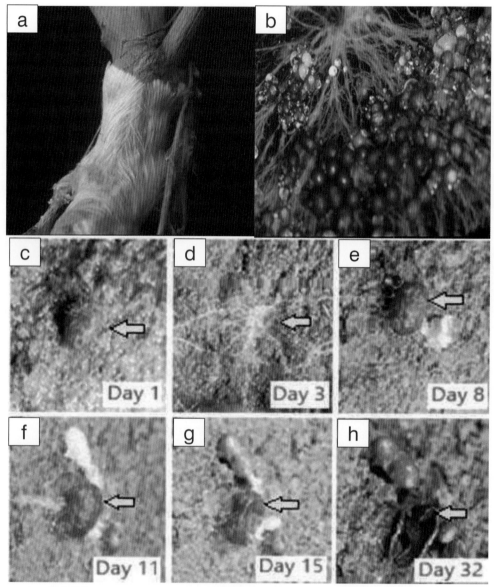

圖 75　甜椒白絹病（*Sclerotium rolfsii*）及其菌核發芽過程。〔圖中 c-h 是用時間推移顯微
　　　照相（Time-Lapse Photomicroscopy），黃鴻章拍攝〕。

a.　甜椒白絹病病株莖基部長滿白色菌絲。
b.　白絹病菌（*Sclerotium rolfsii*）產生的褐色球形菌核。
c-h.一粒白絹病菌菌核（母菌核）（箭頭處）在潮溼的土壤上。第 1 天開始發芽（c），第 3 天很多
　　白色菌絲（d），到第 8 天產生第一個子菌核（e，右下），到第 11 天產生第二個子菌核（f，左
　　上），到第 15 天產生第三個子菌核（g，右，白色未成熟）。到第 32 天母菌核營養耗盡死亡，
　　只剩空殼（h，箭頭），身邊留下三個褐色健康的孩子（Daughter sclerotia）。

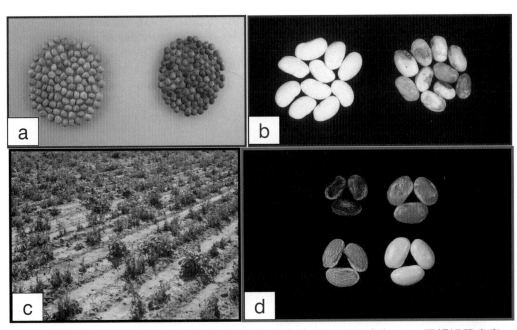

圖 76　黃鴻章在 Lethbridge 農業試驗所的研究項目（1981-2006 年）：III. 豆類細菌病害。

a-b. 豆類粉紅色種子病（由細菌 *Erwinia rhapontici* 引起）。（參考文獻：27, 41）。

a.　豌豆粉紅色種子病（右）和健康種子（左）。

b.　菜豆粉紅色種子病（右）和健康種子（左）。

c-d. 菜豆細菌萎凋病（由 *Curtobacterium flaccumfaciens* 引起）。（參考文獻：6, 46）。

c.　病田中菜豆很多植株嚴重萎凋枯死。（2005 年，Bow Island，Alberta）。

d.　加拿大發現菜豆細菌萎凋病菌三種不同變異菌株（Variants）：紫色（左上）、橘色（右上）、黃色（左下）和白色健康種子（右下）。

圖77　黃鴻章在 Lethbridge 農業試驗所的研究項目（1981-2006 年）：IV. 作物幼苗猝倒病（由真菌 *Pythium* sp. group G 引起）。

a-b. 豌豆幼苗猝倒病（Pythium damping-off of pea）生物防治田間試驗。（1999 年，Lethbridge，AB）。（參考文獻：45）。

a.　用根瘤菌（R-21 菌株）處理豌豆種子的小區（右），豌豆植株生長茂盛；而無處理對照小區（左），豌豆因受幼苗猝倒病菌危害，植株稀疏而且矮小。

b.　豌豆種子用根瘤菌 R-21 菌株處理，植株的根瘤多且大、平均每株根瘤重 2.0 公克（右）；而無處理對照小區的豌豆，根瘤少而細小、平均每株根瘤重 0.9 公克（左）。

圖 78　黃鴻章訪問華中農業大學（1989，2011 年，武漢）。

a.　黃鴻章在華中農大植病系演講（1989 年，武漢）。
b.　黃鴻章（左）、楊新美教授（右，已退休）討論油菜菌核病。（1989 年，武漢）。
c.　王道本教授（兼植病系主任）（前排左）、黃鴻章（前排右）和研究生。（1989 年，武漢）。
d.　黃鴻章（左）、李國慶（中）、王道本（右）在湖北雲夢調查油菜菌核病（1989 年，武漢）。
e.　黃鴻章（左）、李國慶（右）遊東湖（1989 年，武漢）。
f.　黃鴻章（左 2）和黃振文（左 3）參觀李國慶（右）的實驗室。（2011 年，湖北武漢）。

圖 79　黃鴻章參與中國和加拿大國際開發總署（CIDA）合作計畫（1996-2003 年）。

a. 博士生馬平（左）和碩士生李社增（右）在調查「棉花黃萎病生物防治試驗結果」（1999 年，河北定興）。
b. 黃鴻章（左 2）與中加合作計劃病蟲組成員鄭禮（左 1）、李社增（右 2）、馬平（右 1）在棉花田檢查「棉鈴蟲生物防治試驗效果」。（1999 年，河北邯鄲）。
c. 黃鴻章（左 2）與王海波研究員（兼副院長）（右 2）於河北農科院棉花所試驗田。（1998 年，河北石家庄）。
d. 黃鴻章（右）、馬平（左）在台灣重逢。（2011 年，台北）。

圖 80　黃鴻章在中國看到……

a.　武漢的「漁翁」（1989 年，武漢東湖）。
b.　河北的「驢」（1998 年，河北定興縣）。

圖 81　黃鴻章與研究助理、訪問學者在加拿大。

a. Debbie McLaren（金髮）和黃鴻章（戴紅帽）在田間調查向日葵病害。（油畫：Debbie McLaren 贈；畫家：Irene Colleen Armstrong，1981 年，Morden，Manitoba）。

b. 黃鴻章（左）與訪問學者謝廷芳博士（右）在加拿大參加學術會議。（2002 年，Waterton National Park，Alberta）。

c. 電子顯微鏡實驗室負責人 Eric Kokko（左 2）、副所長 Dr. G. Coulter（左 1）和黃鴻章（左 3）接待國外訪客。（2001 年，Lethbridge，Alberta）。

d. 研究助理 Scott Erickson 參加學術會議。（2002 年，Waterton National Park，Alberta）。

圖 82　黃鴻章首度訪日（1987 年）：與 Dr. Hajimu Komada 赴長野縣（Nagano）田間考
　　　察山東白菜黃萎病（由真菌 *Verticillium dahliae* 引起）防治試驗。（1987 年 6 月 29
　　　日，Nagano，Japan）。（照片：黃鴻章拍攝）。

a-b. Dr. Hajimu Komada 在試驗田。
c.　無處理小區（即對照區）白菜黃萎病嚴重，葉片萎黃。
d.　處理小區白菜健康、葉片翠綠。
e.　黃萎病葉片出現 V 字型黃色病斑。
f.　試驗結束，技術員正在採收、計算產量。

圖 83　黃鴻章首度訪日（1987 年）：與 Dr. Hajimu Komada 赴長野縣（Nagano）田間考察。（1987 年 6 月 29 日，Nagano，Japan）。

a.　住日本民宿。（1987 年 6 月 29 日，Kitaoi，Nagano）。
b.　民宿客廳裝飾。
c.　黃鴻章於民宿陽台。

圖 84　黃鴻章首度訪日（1987 年）：與 Dr. Hajimu Komada 赴群馬縣（Gunma）田間考
　　　察蔬菜產區。（1987 年 6 月 30 日，Gunma，Japan）。（照片：黃鴻章拍攝）。

a.　群馬縣蔬菜產區的各種蔬菜。這地區的田土顏色有深黑色（右上角）和深褐色（左中）等。

b.　工人正在一塊黑色田栽種甘藍（cabbage）。圖中右上角有一塊褐色田。

c.　用黑色土（右）和褐色土（左）做病害（如白菜根瘤病）防治比較試驗。

d.　群馬縣蔬菜產區的青蔥。那時溫網室栽培在日本已經很普遍。

圖 85　黃鴻章首度訪日（1987 年）：與 Dr. Hajimu Komada 去群馬縣（Gunma）的「鬼押出し國家公園」。（1987 年 6 月 30 日，Gunma，Japan）。（照片：黃鴻章拍攝）。

a.　Dr. Hajimu Komada 在鬼押出し國家公園（Onioshidashi National Park），裡面都是巨大的火山岩。
b.　公園內的火山岩和遊客通道。
c.　公園內火山岩一景。
d.　岩洞中的螢光苔蘚（Fluorescent Moss），據說是一新種。

圖 86　日本農業博物館中的自製航拍飛機，用來拍照各種田間試驗。（1987 年 7 月 2 日，
　　　　Tsukuba，Japan）。（照片：黃鴻章拍攝）。

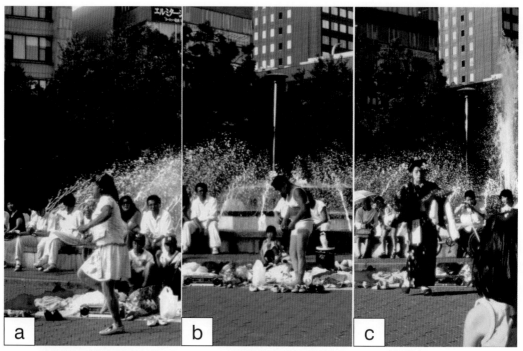

圖 87　黃鴻章首度訪日（1987 年）：北海道札幌（Sapporo）（1987 年 7 月 5 日）。（照片：黃鴻章拍攝）。

a.　北海道札幌（Sapporo）大通（Odori）街中間廣場，一位男扮女裝的藝人載歌載舞。
b.　表演完畢，他在當街更衣。
c.　他換上和服，又繼續表演不同風格的歌舞。

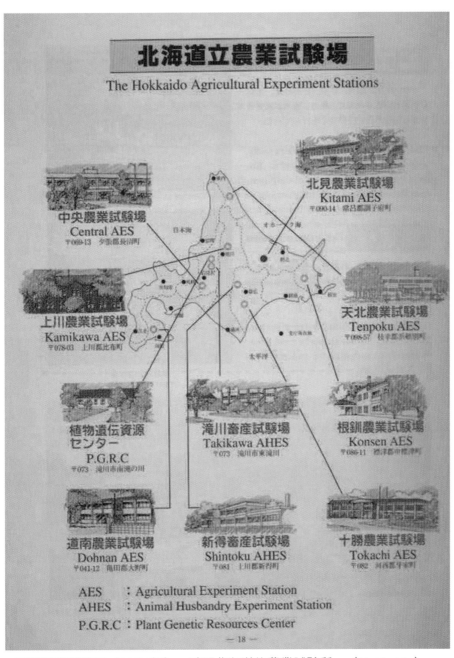

北海道立農業試驗場

The Hokkaido Agricultural Experiment Stations

北見農業試驗場
Kitami AES

中央農業試驗場
Central AES

上川農業試驗場
Kamikawa AES

天北農業試驗場
Tenpoku AES

植物遺伝資源
センター
P.G.R.C

滝川畜産試驗場
Takikawa AHES

根釧農業試驗場
Konsen AES

道南農業試驗場
Dohnan AES

新得畜産試驗場
Shintoku AHES

十勝農業試驗場
Tokachi AES

AES ：Agricultural Experiment Station
AHES ：Animal Husbandry Experiment Station
P.G.R.C ：Plant Genetic Resources Center

— 18 —

圖 88　黃鴻章首度訪日（1987 年）：訪問北海道的農業試驗所。（Hokkaido）。

圖為日本北海道十個道立農業試驗所的分布。

圖 89　黃鴻章首度訪日（1987 年）：訪問北海道札幌。

a. 訪問北海道國立農業試驗所。（1987 年 7 月 10 日，Hitsujigaoka，Sapporo）。
b. 於札幌藝術森林公園（Sapporo Art Part）。（1987 年 7 月 10 日，Sapporo）。
c. 訪問北海道大學農學院。（1987 年 7 月 13 日，Sapporo）。
d. 小學生於鈴蘭公園（Suzuran Park）小溪中戲水。（1987 年 7 月 10 日，Sapporo）。

圖 90 黃鴻章首度訪日（1987 年）：訪問北海道北見（Kitami）農業試驗所。（1987 年 7 月 16 日至 8 月 11 日）。

a. Dr. Izumi Saito（左）來留辺蘂（Rubishibe）火車站接黃鴻章。（1987 年 7 月 16 日，Kitami）。
b. 北見（Kitami）農業試驗所入口，路邊的兩行高大樺樹。（1987 年）。
c. Dr. Saito（左）、黃鴻章（右）於歡迎餐會。（1987 年 7 月 18 日，Kitami）。
d. Dr. Saito 住家後院菜園的甘藍菌核病（由 *Sclerotinia sclerotiorum* 引起）。褐色病葉上已經有大粒黑色菌核。（1987 年 8 月 10 日，Kitami）。

圖 91　　1980 年代日本流行的各色各樣「電話卡」。

a.　北海道北見農業試驗所創立八十週年所慶紀念卡（1987 年）。
b.　北海道富良野的薰衣草田。
c-d. 北海道的夏天（c）和冬天（d）。

圖 92 黃鴻章首度訪日（1987 年）：訪問北海道立中央農業試驗所。（1987 年 7 月 6 日
至 8 日，Naganuma）。

a. 黃鴻章於北海道立中央農業試驗所。（1987 年 7 月 6 日）。
b. 一台新型拖引機，用來鋪設塑料地膜和栽種一貫作業。（1987 年 7 月 6 日）。
c. 新型拖引機鋪設塑料地膜觀模會。（1987 年 7 月 6 日）。
d. 鋪設塑料地膜有不同顏色。（1987 年 7 月 6 日）。

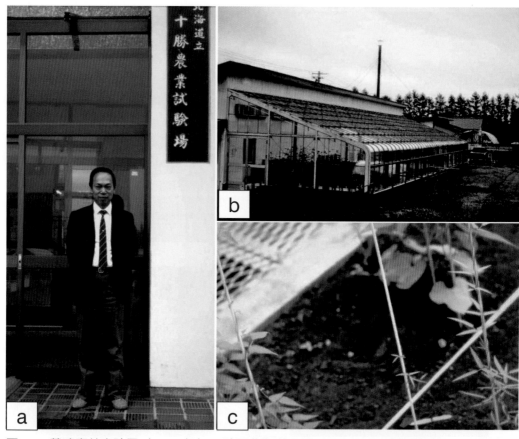

圖 93　黃鴻章首度訪日（1987 年）：訪問北海道十勝（Tokachi）農業試驗所。（1987 年 7 月 30 日至 31 日，Tokachi，Hokkaido）。

a.　黃鴻章於十勝農業試驗所。（1987 年 7 月 30 日，Tokachi，Hokkaido）。
b.　由 Tokachi 農民捐贈給試驗所的溫室，專門用於研究豆類作物（如大豆、紅豆、菜豆等）。
c.　在溫室中評估從世界各地收集的豆類種子生長情形。有些種子長出的植株葉片細長，不像常見的豆子（右下）。（1987 年，Tokachi，Hokkaido）。

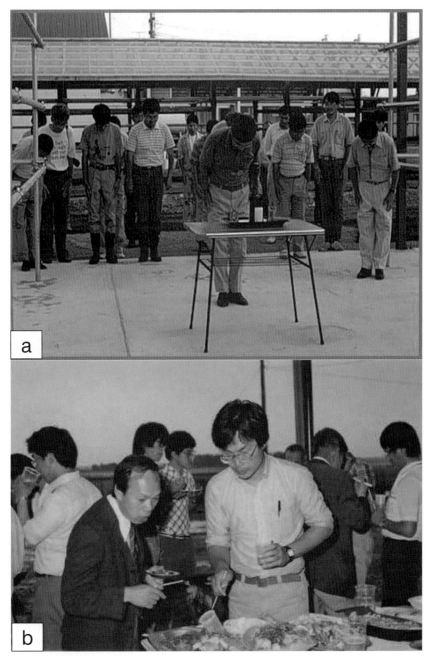

圖94　黃鴻章首度訪日（1987年）：北海道北見農業試驗所的祭天活動。（1987年8月
　　　11日，Kitami，Hokkaido）。

a.　所長率領全體員工祭拜上天，供桌上的簡單供品。
b.　祭拜上天後的烤肉餐宴。Dr. K. Sato（右）幫助黃鴻章（左）挑選烤肉。

圖 95　黃鴻章首度訪日（1987 年）：在北見市（Kitami）所見所聞。

a.　北見市夏天，街上的各色彩帶裝飾隨風飄揚。（1987 年 7 月，Kitami，Hokkaido）。

b.　黃鴻章（後排中）於「日本民歌演唱會」結束後，在後台與歌手合影。（1987 年 7 月 25 日，Kitami，Hokkaido）。

圖 96　黃鴻章首度訪日（1987）：北見市（Kitami）大街的「午夜拔河比賽」。（1987
　　　 年 7 月 25 日，Kitami，Hokkaido）。（照片：黃鴻章拍攝）。

a.　隊員在街上準備開始「拔河比賽」（Tsunahiki）。
b-c. 比賽開始，街道觀眾不停地吶喊著。有些觀眾也加入比賽（c），娛樂性十足。

圖 97　黃鴻章首度訪日（1987 年）：北海道的美食。（1987 年，Hokkaido）。（照片：黃鴻章拍攝）。

a.　「Chihoku」麵條專賣店裡的餐點，材料和配菜簡單。（1987 年 7 月 25 日，Kitami，Hokkaido）。
b.　北海道的螃蟹餐，材料和配菜豐富。（1987 年 7 月 26 日，Abashiri，Hokkaido）。

圖 98 黃鴻章在日本報紙看到的一則半版廣告「老妻保險」。（1990 年 9 月 21 日，
　　　Hotel Suwa，Tsukuba，Japan）。（照片：黃鴻章拍攝）。

圖 99　黃鴻章第二次訪日（1990 年）：訪問北海道道南（Donan）農業試驗所。（1990
　　　年 9 月 22 日至 26 日）。

a.　黃鴻章（左）、Dr. Izumi Saito（中）及其夫人 Tomoko（右）於昭和新山。（1990 年 9 月 24 日）。
b.　Dr. Izumi Saito（左）、黃鴻章（中）、Tomoko（右）於支笏湖。（1990 年 9 月 24 日）。
c.　Dr. Izumi Saito（左）、黃鴻章（右）於道南農業試驗所果園。（1990 年 9 月 25 日）。

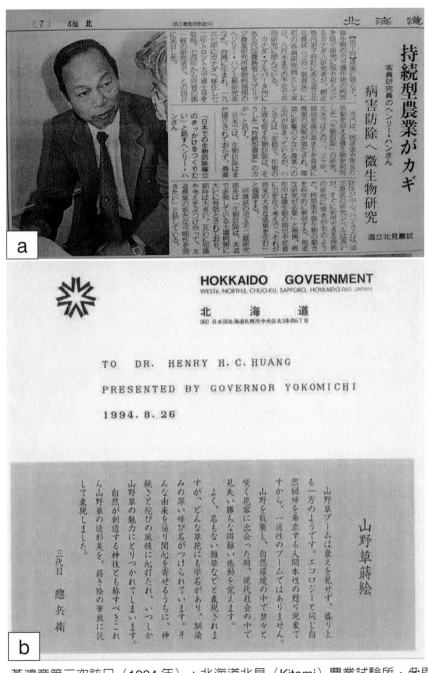

圖100　黃鴻章第三次訪日（1994 年）：北海道北見（Kitami）農業試驗所，參與作物輪作栽培之研究。（1994 年 7 月 4 日至 8 月 27 日）。

a.　黃鴻章接受北海道新聞社（Hokkaido Shinbun）記者訪問的報導。該報導是由副所長 Dr. Fujio Kodama 在旁翻譯。（Hokkaido Shinbun，1994 年 7 月 18 日，P7）。

b.　北海道州長 Governor Takahiro Yokomichi 贈給黃鴻章的禮物。（1994 年 8 月 26 日，Sapporo）。

圖 101　黃鴻章第三次訪日（1994 年）：參與北海道北見農業試驗所的長期輪作（1959-2000 年）試驗。（參考文獻：42）。

a.　長期輪作（1959-2000）試驗田：菜豆連作區植株矮小葉片萎黃（左），而菜豆六年輪作區植株高大菜豆翠綠（右）。（1994 年 7 月，照片：黃鴻章拍攝）。

b.　長期連作區的土壤，菜豆幼苗猝倒病（Pythium damping-off）嚴重（左），而長期六年輪作區的的土壤，菜豆幼苗健康（右）。（1994 年 8 月，照片：Dr. Fujio Kodama 拍攝）。

圖102　黃鴻章第三次訪日（1994年）：和太太林素道、女兒Sarah赴道外參訪名古屋、京都、奈良（1994年8月6日至11日）。

a-b. 黃鴻章夫婦和Sarah於名古屋城堡。天氣炎熱，Sarah用溼毛巾解熱（b）。（1994年8月7日，Nagoya）。

c.　Dr. Fujio Kodama（右）、Sarah（中）、黃鴻章（左）於京都清水寺。（1994年8月7日，Kyoto）。

d.　黃鴻章夫婦和Sarah於京都清水寺商店街。天氣炎熱，Dr. Kodama買一頂草帽給Sarah。（1994年8月7日，Kyoto）。

圖 103　黃鴻章第三次訪日（1994 年）：京都旅遊（1994 年 8 月 8 日）。

a.　黃鴻章夫婦、Sarah 和司機（後左）於金閣寺合影。
b.　Dr. Fujio Kodama（右）、黃鴻章夫婦和女兒 Sarah 於金閣寺。
c.　Dr. Fujio Kodama 坐金閣寺「貴人榻」祈福。
d.　黃鴻章坐金閣寺「貴人榻」祈福。

圖 104　黃鴻章第三次訪日（1994 年）：京都旅遊（1994 年 8 月 8-9 日）。

a.　黃鴻章夫婦和女兒 Sarah：享受京都美食。（1994 年 8 月 8 日）。
b-c. 在京都寶泉院體驗日本茶道禮儀。（1994 年 8 月 9 日）。

圖 105　黃鴻章第三次訪日（1994 年）：奈良旅遊（1994 年 8 月 10 日）。

a.　黃鴻章夫婦和女兒 Sarah 在奈良。
b.　Sarah 和奈良東大寺的鹿群合影。

圖 106. 黃鴻章第三次訪日（1994 年）：奈良旅遊（1994 年 8 月 10 日）。

a. Sarah（左）和媽媽林素道於奈良東大寺。
b. Sarah（右）和媽媽（左）在欣賞東大寺的鹿。
c. 黃鴻章夫婦和 Sarah（中）於東大寺入口。
d. Dr. Fujio Kodama（左 1）、Sarah（左 2）和黃鴻章夫婦（右）於奈良東大寺入口。

圖 107　黃鴻章第三次訪日（1994 年）：和北見農試所員工去登北海道大雪山五色岳
　　　　（1994 年 7 月 30 日）。

a.　領隊 Dr. Motoshige Simizu（中）檢查登山路線。
b.　隊員們走過了一片廣闊的沼澤地才抵達山腳。
c.　天氣炎熱，抵達山頂，大家如釋重負。
d.　Dr. Motoshige Simizu（右）、黃鴻章（左）在山頂享受日式便當。

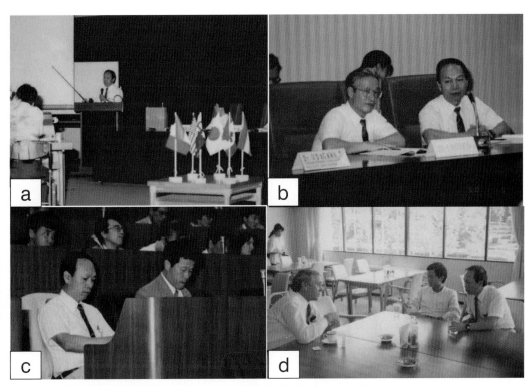

圖 108　黃鴻章在日本筑波（Tsukuba）參加研討會（1990 年）。

a-b.「第二屆 MAFF 穩態研討會（2nd MAFF Homeostasis Workshop）」。（日本筑波，1990 年 9 月 13 日至 14 日）。
a.　黃鴻章在演講。
b.　Dr. Akira Ogoshi（左）、黃鴻章（右）在聽演講。
c-d.「生物防治研討會」。NARC（日本國家農業資源中心）和 FFTC（亞太糧肥料技術中心）合辦。（日本筑波，1990 年 9 月 17 日至 19 日）。
c.　黃鴻章（左）、高清文（右）在聽演講。
d.　Dr. James Cook（左）、張清安（中）、黃鴻章（右）在休息室聊天。

圖 109　黃鴻章在日本北海道札幌（Sapporo）參加「清潔農業國際研討會」（International Symposium on Clean Agriculture）。（1997 年 10 月 8 日，日本札幌）。

a.　三位國外特邀演講者：黃鴻章（左）、Dr. Joseph Kloepper（中）、Dr. James Cook（右）。
a.　三位國內特邀演講者：Dr. Fujio Kodama（左）、Dr. Kei Ogawa（中）、Dr. Akira Ogoshi（右）。
b.　研討會信息刊登於《農家の友》雜誌（1997 年第 11 期）。

圖 110　Dr. Tom Atkinson 應邀在黃鴻章退休晚宴演講（2006 年 7 月 20 日，Lethbridge，
　　　　Alberta）。

演講後，黃鴻章（右）閉著雙眼聆聽著 Dr. Atkinson（中）的諄諄教誨。晚宴主持人 Dr. Surya Acharya
（左）站在一旁微笑著。

圖 111　黃鴻章榮譽獎項（加拿大）。

a-c. 加拿大植物病理學會「傑出研究獎」（2003 年，Montreal）。
a.　黃鴻章（左）接受學會總裁 Dr. Karen Bailey（右）頒獎。
b.　黃鴻章（右）和太太林素道（左）於頒獎晚宴。
c.　黃鴻章（右）和 Dr. Andy Tekauz 於頒獎晚宴。
d-e. Lethbridge 農業試驗所一百週年慶典。（2006 年，Lethbridge 農業試驗所）。黃鴻章（d，e，左）
　　接受所長 Dr. Zahir Mir（d，右）和加拿大農業部長 The Honourable Chuck Strahl（d，中；e，右）
　　頒發獎狀。

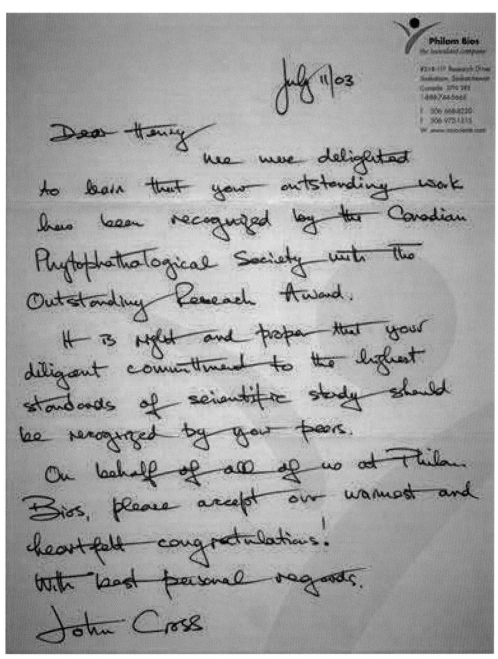

圖 112　Philom Bios 總裁 John Cross 親筆信，祝賀黃鴻章獲加拿大植物病理學會「傑出研究獎」（2003 年）。

圖 113　黃鴻章榮譽獎項（台灣）。

a. 黃鴻章（左）接受中華民國植物病理學會理事長林俊義博士（右）頒發「植物病理傑出貢獻獎」
（2004 年）。
b. 國立中興大學「講座教授」（2008 年）。左起：曾國欽系主任、蕭介夫校長、黃鴻章、黃振文院
長。
c. 桃園縣竹圍國小「傑出校友獎」（1997 年）。
d. 國立中興大學李德財校長（左）頒發「第十五屆傑出校友獎」給黃鴻章（右）（2011 年）。
e. 中興大學「第十五屆傑出校友獎」獎牌。

圖 114　黃鴻章夫婦與友人在加拿大。

a. 黃鴻章（左 1）、林素道（左 2）、蔡月夏（左 3）、黃勝忠（右 2）、林學詩（右 1）於溫哥華島（Vancouver Island）的 Butchart 花園（The Butchart Gardens）。（2007 年 10 月，Vancouver Island，BC）。

b. 黃勝忠（右）、邱指芳（中）、林素道（左）品嚐本地的甜玉米和聆聽鄉村樂團演奏。（2016 年，Richmond Country Farms，Richmond，BC）。

圖 115　朋友贈送給黃鴻章夫婦的照片。

a.　風景油畫 -I（邱指芳作品，2007 年）。

b.　風景油畫 -II（邱指芳作品，2012 年）。

c.　盛開的鳳凰木（謝廷芳攝，2011 年，台中）。

d.　Dr. Izumi Saito 自家後院柏樹上的老鷹，樹上仍有殘雪，圖中有一首他寫的七言詩。（Dr. I. Saito 攝，2005 年，Kitahiroshima，Hokkaido）。

圖 116　黃鴻章夫婦在台灣農業試驗所（2008-2013 年）。（照片：馬以能攝）。

a.　農試所大門入口。
b.　農試所植物病理組大樓。
c.　農試所學人宿舍。
d.　農試所入口大道旁，早春的黃色風鈴花，鮮豔迷人。

圖 117 黃鴻章夫婦在台灣農業試驗所（2008-2013 年）：迷人的田園風光。（照片：馬以能攝）。

a. 試驗田裡各種不同顏色的水稻。
b. 水稻田裡的林鷸（學名：*Tringa glareola*，英文名：Wood Sandpiper）。稻株上有橙紅色的螺卵。
c-d. 水稻田裡的台灣白鷺（學名：*Egretta garzetta*，英文名：Egret）。

圖 118　台灣農業試驗所第 116 年所慶（2011 年 11 月 22 日）。（照片：馬以能攝）。

a. 台灣農業試驗所創始於 1895 年。
b. 慶祝 116 年所慶，陳駿季所長（中）、陳金枝博士（左）和技工曾福田先生（右）一起切蛋糕。
　　（2011 年 11 月 22 日）。
c. 慶祝 116 年所慶，載歌載舞。（2011 年 11 月 22 日）。
d. 慶祝 116 年所慶，舉辦稻田中「烤紅薯比賽」。（2011 年 11 月 22 日）。

圖 119　台灣農曆七月中元普渡。（2021 年）。

a. 台灣農業試驗所行政大樓前面的供桌，祈求「風調雨順，國泰民安」（2021 年 8 月，謝廷芳提供）。

b. 中興大學主管帶領員工祭拜。供桌上擺滿各色各樣的供品。（2021 年 8 月，黃振文提供）。

c. 祭品中除了新鮮水果之外，還有很多可以長期保存的乾貨。（2021 年 8 月，謝廷芳提供）。

圖 120　黃鴻章在台灣參加研討會。

a.　「第三屆 APEC 農業可持續發展研討會」。（2003 年 11 月 16-22 日，台灣台中）。黃鴻章於研討
　　會會場。
b.　「轉基因植物之生態與環境生物安全國際研討會」。（2006 年 12 月 6 日至 12 日，台灣台中）。
　　林俊義所長（左 1）、黃鴻章夫婦（右）於研討會晚宴。（2006 年 12 月 8 日，台灣台中）。
c-d.「熱帶農業和農業生物技術國際研討會」。（2004 年 12 月 7-10 日，屏東科技大學）。
c.　黃鴻章於研討會會場。
d.　黃鴻章夫婦於「台灣原住民族文化園區」（2004 年，台灣屏東）。

圖 121　黃鴻章的生日禮物：「兩顆方形大西瓜」（a-b）。台灣農業試驗所植物病理組組長安寶貞博士和花卉中心主任謝廷芳博士同贈。（2011 年，台灣農業試驗所）。

圖 122　Dr. Izumi Saito 來台灣訪問黃鴻章夫婦（2011 年）。

a.　Dr. Saito（右 2）、謝廷芳（右 1）、蔣麗津（謝太太）（左 2）、林素道（黃太太）（左 1）於中台禪寺。（2011 年 4 月 4 日，南投埔里）。
b.　Dr. Saito（左）、黃鴻章（中）、謝廷芳（右）於埔里酒廠。（2011 年 4 月 4 日，南投埔里）。
c.　Dr. Saito（右）、林素道（左）於台灣農業試驗所花卉研究中心。（2011 年 4 月 4 日，雲林古坑）。

圖 123　黃鴻章和台灣學界友人。

a. 黃鴻章（右）、黃振文教授（左）合影。（1997 年，中興大學）。

b. 黃鴻章（中）、郭章信教授（左 1）、蔡竹固教授（左 2）、蕭文鳳教授（右 1）、Dr. Shirley Smith（加州大學教授）（右 2）在嘉義大學。（1997 年，嘉義）。

c. 黃振文教授（左）、曾國欽教授（右）、黃鴻章（中）參加學生露營。（1997 年，尖山埤水庫）。

d. 謝文瑞教授（左 1）、蔡泰山（左 2）、Dr. Shirley Smith（加州大學教授）（左 3）、王金池（農友公司董事長）（左 4）、黃鴻章（右）於高雄農友種子公司。（1997 年，鳳山）。

e. 黃鴻章（左 1）、Dr. Shirley Smith（加州大學教授）（左 2）、王次男研究員（中）、謝文瑞教授（右 2）、方金國研究員（右 1）於台糖研究所。（1997 年，台南）。

f. 台糖研究所招待所。（1997 年，台南）。

圖 124　黃鴻章和台灣學界友人。

a.　台灣農業試驗所研究員石信德（左）、林鳳琪（右）來 Lethbridge 農業試驗所訪問，與黃鴻章
　　（中）合影。（2005 年，Lethbridge）。
b.　張碧芳教授（右）、林素道（左）於屏東科技大學。（2004 年）。
c.　鍾文全夫婦（右）、黃鴻章夫婦（左）於宜蘭羅東。（2010 年）。

圖 125　黃鴻章夫婦與友人遊澎湖（2011 年 3 月）。

a.　黃鴻章夫婦（右）、黃勝忠夫婦、謝廷芳夫婦於澎湖七美。導遊施純堅研究員（後排，左 3）。
b.　林素道（左）、邱指芳（中）、蔣麗津（右）於澎湖。
c.　黃鴻章夫婦於澎湖。

圖 126　黃鴻章夫婦與邱秋月（黃振文夫人）。

a.　黃鴻章夫婦於台中霧峰（2003 年 12 月 8 日）。
b.　黃鴻章夫婦於易經大學（2013 年 2 月 13 日，彰化）。
c-d. 邱秋月（右）、林素道（左）同遊加拿大溫哥華島上的維多利亞港（Victoria Harbor）（c）和加拿大一號公路的起點（Mile 0）（d）。（2010 年 3 月 18 日）。

圖 127　黃鴻章夫婦在台灣。

a.　於南投新中橫塔塔佳夫妻神木（2009 年 7 月 5 日）。
b-c. 於南投中寮龍鳳瀑布（2011 年 1 月 30 日）。
d.　於南投杉林溪（2009 年 1 月 3 日）。

圖128　黃鴻章夫婦與台灣友人。

a.　黃鴻章（左1）、黃振文（左2）、謝廷芳（左3）、羅朝村（右）於台中大坑（2004年5月）。
b.　邱指芳（左）、林素道（右）於台中（2009年）。
c.　蔣麗津（左）、林素道（右）於台中（2009年）。

圖 129　黃鴻章夫婦遊基隆番仔奧（2008 年 9 月 18 日）。

a.　黃鴻章夫婦。
b.　黃鴻章夫婦（左）與四姐林素祥（右 1）和四姐夫陳達夫（右 2）合影。
c.　關政平（左）、黃鴻章（右）。
d.　關政平贈送的一對紀念茶杯。

圖 130　黃鴻章夫婦和家人：Timothy 和 Machiko Muto。

a.　Machiko（後排右）、Timothy（後排左）、林素道（前排右）和大姐林素真（前排左）於中興大學植病系。（2004 年，台中）。
b.　Machiko（左）和 Sarah（右）於水里蛇窯。（2004 年，南投）。
c.　Machiko（左 1）、Sarah（左 2）和黃鴻章夫婦（右）於水里。（2004 年，南投）。

圖 131　黃鴻章夫婦參加兒子和女兒的婚禮。

a-b. 女兒 Sarah 和 Sean Bromilow 結婚（2008 年，Edmonton，Canada）。
c-d. 兒子 Timothy 和 Machiko Muto 結婚（2009 年，Tokyo，Japan）。

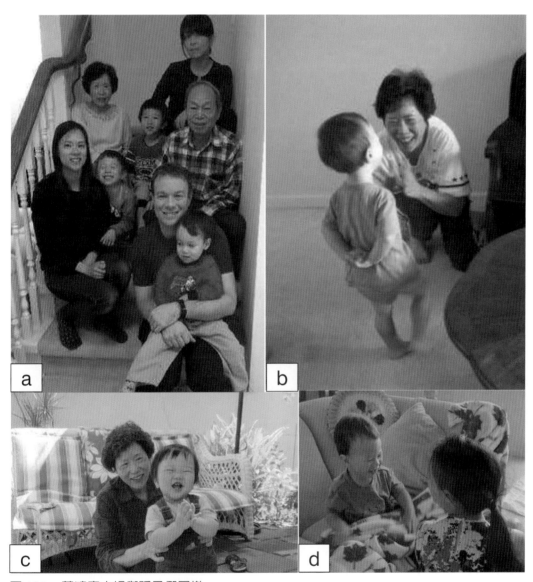

圖 132　黃鴻章夫婦與孫子們同樂。

a.　黃鴻章夫婦與家人。（2017 年，Richmond，BC）。
b.　孫子 Ryan 和祖母林素道對話。（2013 年，Richmond，BC）。
c.　孫子 Isaac 和祖母林素道同樂。（2014 年，San Diego，USA）。
d.　Ryan 和他媽媽 Sarah 對話。（2013 年，Richmond，BC）。

圖 133　黃鴻章夫婦被孫子 Eric 逼著運動。

a-b. 孫子 Eric 和祖母林素道打棒球。（2017 年春天，Richmond，BC）。

c.　孫子 Eric 和祖母林素道踢足球。（2017 年夏天，Richmond，BC）。

d-e. 孫子 Eric 和祖母林素道、祖父打曲棍球（2017 年冬天，Richmond，BC）。

圖 134　黃鴻章夫婦去美國探親。

a.　黃鴻章夫婦和兒子 Timothy（中，抱著 Isaac）於聖地亞哥（2013 年 7 月 29 日，USA）。
b.　媳婦 Machiko 抱著嬰兒 Isaac 於聖地亞哥海灘（2014 年 5 月 12 日，USA）。
c.　祖母林素道逗孫子 Isaac（2013 年 7 月 29 日，USA）。
d.　黃鴻章夫婦和將滿週歲的孫子 Isaac（2014 年 5 月 8 日，USA）。

圖 135　黃鴻章夫婦與女兒 Sarah、女婿 Sean 一同出遊。

a.　黃鴻章夫婦在阿拉斯加遊輪上（2013 年 6 月 5 日）。
b.　黃鴻章夫婦和長孫 Ryan 在夏威夷（2015 年 3 月 4 日）。
c.　女婿 Sean 和他兒子 Ryan 在聖地亞哥海灘散步。（2014 年 5 月 12 日）。
d.　Sarah 和 Sean 的三個兒子：Ryan（右）、Eric（左）和 Jake（中）。（2019 年 6 月 1 日）。

圖 136 黃鴻章夫婦和女兒 Sarah 參加音樂演奏會。

a. 溫哥華交響樂團在 Orpheum 劇院演出（2017 年，Vancouver，BC）。
b-c. 黃鴻章夫婦和女兒於 Orpheum 劇院（2017 年，Vancouver，BC）。

圖 137　黃鴻章夫婦與在台親人。

a.　黃鴻章的父親黃敬忠和母親黃（曾）嫦娥。（1977 年，桃園家中）。

b.　黃鴻章夫婦（前排）與弟妹和他們的子女合影。（1997 年，中壢）。

c.　黃鴻章（中）與大弟黃鴻玉（左）、二弟黃鴻書（右）和外甥趙勇儒（前排）合影。（1992 年，桃園）。

d.　黃鴻章（中）與父親（左3）、母親（右3）、二妹黃碧珠（右2）、三妹黃碧枝（左2）、四妹黃碧桂（右1）和五妹黃碧雪（左1）合影。（1997 年，桃園）。

圖 138　黃鴻章父母和弟妹來加拿大訪問。

a.　黃鴻章夫婦（中）與父母（左）和四妹黃碧桂（右）於曼尼托巴省的 Riding Mountain National Park（1980 年 9 月，Manitoba）。

b.　黃鴻章夫婦（左）與大弟黃鴻玉（右）於亞伯塔省的 Waterton National Park（1987 年 4 月，Alberta）。

c-d. 黃鴻章夫婦帶父母和四妹黃碧桂去多倫多大學參觀。圖為兒子 Timothy（右）和他媽媽林素道（左）在校園草地上休息。（1980 年 9 月，Toronto）。

圖 139　黃鴻章岳父林瑞謙，小學校長退休後來加拿大探親。

a.　岳父林瑞謙（左）首度來加拿大探親，與女兒林素道（中）和外孫 Timothy（右）合照。（1983 年，Whoop-up Park，Lethbridge，AB）。

b-c.岳父林瑞謙（b，後排右）第三次來加拿大，和我們共同歡渡聖誕佳節。（1987 年，Lethbridge，AB）。

d.　外祖父林瑞謙留給外孫 Timothy 的親筆格言。（1987 年，Lethbridge，AB）。

圖 140　黃鴻章岳家親人來訪。

a.　林素道的父親林瑞謙（右 1）、二姐林素芳（右 2）和姐夫黃析樟（左 1）、Sarah（左 2）、Timothy（左 3）於 Waterton National Park（1986 年 7 月 22 日，Alberta）。

b.　林素道（右）和兒子 Timothy（中）、弟弟林鎮山（左）於 Morden 農業試驗所溫室（1980 年，Morden，Manitoba）。

圖 141　我家後院梨樹的嫁接品種。（照片：黃鴻章拍攝）

a.　歐洲梨品種：Bartlett，易感銹病，葉片布滿金黃色病斑。
b.　亞洲梨品種：長十郎（Chojuro），抗銹病，葉片綠色無病斑。
c.　亞洲梨品種：新世紀（Shinseiki），抗銹病，葉片綠色無病斑。
d.　孫子 Eric 正在測試梨果實的風味。（2016 年）。

圖 142　加拿大西海岸的陽光（a）和夕照（b）。遠處的山是溫哥華島（Vancouver Island）。（2021 年，Sunshine Coast，B.C.，Canada）。（照片：黃鴻章拍攝）。

國家圖書館出版品預行編目資料

植病科學行者的人生機緣／黃鴻章著. －－初
版. －－臺北市：五南圖書出版股份有限公
司，2021.12
　面；　公分
ISBN 978-626-317-525-9（平裝）

1.CST：鴻章　2.CST：自傳

783.3886　　　　　　　　　　110022580

4N05

植病科學行者的人生機緣

作　　者 ─ 黃鴻章（Hung-Chang Huang）

發 行 者 ─ 財團法人民生科技文教基金會

主　　編 ─ 李貴年

責任編輯 ─ 何富珊

封面設計 ─ 劉好音

圖片整理 ─ 洪爭坊

文字校對 ─ 洪爭坊、林筑蘋

出 版 者 ─ 五南圖書出版股份有限公司

地　　址：106台北市大安區和平東路二段339號4樓

電　　話：(02)2705-5066　　傳　　真：(02)2706-6100

網　　址：https://www.wunan.com.tw

電子郵件：wunan@wunan.com.tw

劃撥帳號：01068953

戶　　名：五南圖書出版股份有限公司

法律顧問　林勝安律師事務所　林勝安律師

出版日期　2021年12月初版一刷

定　　價　新臺幣400元